U0807599

中等职业教育“十四五”规划教材
职业教育课程改革规划创新教材

电商直播实务

贺　莹　潘乐威　主编

中国石化出版社
HTTP://WWW.SINOPEC-PRESS.COM
中国经济出版社
CHINA ECONOMIC PUBLISHING HOUSE
·北京·

内 容 提 要

本书根据电子商务师和互联网营销师的相关标准和要求，结合电商直播行业的实践经验和学术研究成果，为读者提供全面、系统、实用的电商直播实务操作指南。

本书可供中等职业学校、高等职业学校的电子商务、市场营销等财经商贸类专业教学使用，也可供网络直播平台从业者等阅读参考。

图书在版编目(CIP)数据

电商直播实务 / 贺莹，潘乐威主编. —北京：中国石化出版社，2024. 6
ISBN 978-7-5114-7547-3

Ⅰ. ①电… Ⅱ. ①贺… ②潘… Ⅲ. ①网络营销 Ⅳ. ①F713. 365. 2

中国国家版本馆 CIP 数据核字(2024)第 107013 号

中国石化出版社出版发行
地址：北京市东城区安定门外大街 58 号
邮编：100011 电话：(010)57512500
发行部电话：(010)57512575
http://www. sinopec-press. com
E-mail：press@ sinopec. com
宝蕾元仁浩(天津)印刷有限公司印刷
全国各地新华书店经销
*
787 毫米×1092 毫米 16 开本 13. 25 印张 360 千字
2024 年 6 月第 1 版 2024 年 6 月第 1 次印刷
定价：58. 00 元

《电商直播实务》
编　委　会

主　编：

贺　莹　武汉市江夏职业技术学校

潘乐威　湖州交通技师学院

副主编：

吴　忌　长江职业学院

张　宇　湖北省鄂州中等专业学校

靳　涛　十堰高级职业学校

编　委：

涂远园　武汉市江夏职业技术学校

冯玲玲　武汉市江夏职业技术学校

周朝伟　武汉市江夏职业技术学校

赵　婷　武汉市江夏职业技术学校

郑欢欢　湖州交通技师学院

般先梅　十堰高级职业学校

程　铎　武汉市江夏职业技术学校

张　路　武汉市江夏职业技术学校

提供案例的企业：

武汉斯高特企业管理咨询有限公司

武汉超好生物科技有限公司

寄　　语

看过电商类教材无数，这本《电商直播实务》却深深吸引了我，在内容选取、项目呈现、案例描述、编写形式等方面均体现出先进性、实用性和趣味性，实现了数字化时代背景下直播与电商双向融合，契合了网络用户新的社交习惯，感受到主播与受众的交互共情。或许在这本教材的引导下，不久的将来你也会成为大神级的电商直播人物哦！

——周文涌　杭州市教育科学研究院职教研究室主任，浙江省特级教师，二级正高级讲师

前言

《电商直播实务》一书以“二十大”精神为指导，根据电子商务师和互联网营销师的相关标准和要求，结合电商直播行业的实践经验和学术研究成果，为读者提供全面、系统、实用的电商直播实务操作指南。本教材可供中等职业学校、高等职业学校的电子商务、市场营销、国际贸易等财经商贸类专业教学使用。本教材具有以下三大亮点。

一、理实一体化教学，实战化任务驱动

本教材以任务为导向，在每个章节设定具体的学习任务和案例分析，让学生通过实际操作来解决问题，激发学生的学习兴趣和动力。本教材结合理论知识和实际操作，既系统介绍了电商直播行业的相关理论和概念，又通过实际案例和操作步骤展示了如何应用这些理论知识进行实际运营。本教材注重实战化教学，通过“博文创科技有限公司”的仿真式企业情境案例任务和练习让学生接触到直播工作场景，学习形式活泼有趣，从而有利于培养学生解决实际问题的能力和技巧。

二、内容图文并茂，教学资源丰富

本教材采用大量的图片和图表，以直观的方式展示电商直播各个环节的操作流程和技巧，帮助学生更好地理解和掌握相关知识和技能。本教材提供了丰富的教学资源，包括相关案例、实战演练、在线课程等，并配有电子教学课件、微课视频、教案等资源，方便学生在教师引导下自主学习和拓展学习。本教材注重实践性教学，通过实际案例和操作步骤，让学生在实际操作中掌握电商直播的运营策略和技巧，提高实际应用能力。

三、激发职业素养，强化课程思政

本教材注重培养学生的职业素养和综合能力，如沟通能力、团队合作能力、创新能力等，让学生在学习电商直播实务的过程中不仅掌握相关知识和技能，还具备了解和适应直播电商行业发展的综合能力。本教材结合模拟和真实的案例，基于行业发展现状及趋势，引导学生思考电商直播行业的发展意义和社会责任；通过拓展助力乡村振兴、服务区域经济发展、丰富消费购物体验等电商直播的社会服务内涵，强化课程思政功能，从人文素养、人格发展、科学精神和家国情怀的宏观方向拓展微观支线任务，培养学生的社会责任感和投身行业发展的使命感。

本教材由贺莹、潘乐威任主编，吴忌、张宇、靳涛任副主编，涂远园、冯玲玲、周朝伟、赵婷、郑欢欢、殷先梅、程铎、张路参与编写，蔡萌、葛昌全任主审。

书中如有疏漏甚至错误，敬请读者提出宝贵意见，以便再版时加以改正。

目录

项目一

认识直播

【项目概述】

董事长湖小武：小王，我们注意到直播行业在近年来发展迅速，公司现在也有意发展直播业务，我希望能听听你的专业意见。

直播运营经理小王：董事长，直播业务近年来确实呈现出了强劲的发展势头，它不仅能够实时与观众互动，增强用户黏性，还是一种非常有效的品牌推广和产品销售渠道。

董事长湖小武：那么，你认为我们公司发展直播业务有哪些优势？

直播运营经理小王：我们公司在行业内有一定的品牌影响力和用户基础，这是我们的优势。同时，我们也有一批经验丰富的团队，可以迅速适应并推动直播业务的发展。虽然我们公司之前没有直接涉及直播，但凭借我们现有的资源和能力，发展直播业务是完全可行的，完全符合我们公司数字化转型的战略方向。

董事长湖小武：你能否给我们详细介绍一下直播业务？

直播运营经理小王：当然，董事长。直播是一种通过实时视频传输的方式，与观众进行互动和沟通的新型媒体形式，其中涉及的学问可多着呢。下面我将从直播业务的各个层面来为大家一一介绍，帮助大家迅速了解直播。

【项目分析】

本项目分为两个任务，任务一：直播初识，包括走进直播和感知直播；任务二：直播平台选择，包括比较直播平台和选择直播平台(图 1-1)。

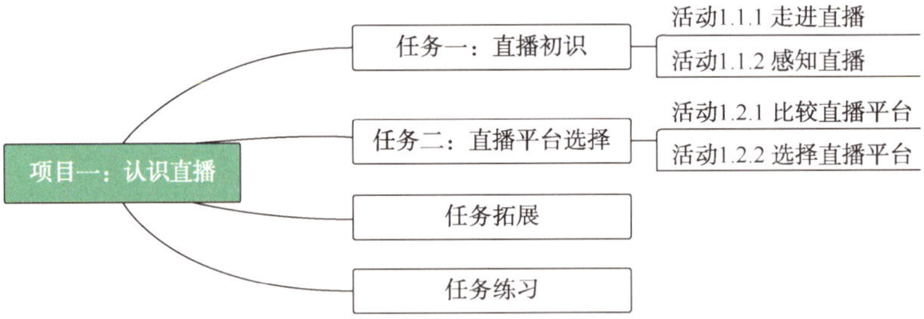

图 1-1　项目一思维导图

任务一 直播初识

任务目标

知识目标：1. 了解直播电商的定义、模式以及直播发展趋势。
2. 了解直播电商的特点及其与传统电商的不同之处。
3. 了解直播的岗位类别及人员分工。

技能目标：1. 能够区分直播电商与传统电商。
2. 能够根据自身特点选择合适的直播岗位，掌握直播电商团队的人员配置。

思政目标：1. 树立学生就业和创业的自信心。
2. 提高学生团体合作的意识。

任务描述

董事长湖小武：大家好，今天召开全体职工大会，是想向大家传达我们公司最近的发展动向。由于直播行业在最近几年飞速发展，公司决定大力发展直播业务，这也符合我们公司数字化转型的发展方向。为了让大家对直播有一个初步的认识，在此有请我们的直播运营经理小王来给大家介绍一下关于直播的基础知识。

直播运营经理小王：尊敬的董事长、各位领导和亲爱的同事们，大家好！非常感谢公司给予我这个机会，让我在今天的大会上向大家介绍直播业务。随着互联网的快速发展和数字化转型的深入推进，直播作为一种新兴的传播和营销方式，正在逐渐改变我们的生活方式。今天，我将围绕直播的基本概念、特点、发展历程等方面，向大家做一个简要的介绍。

希望你通过本任务的学习，能够对直播有一个初步的认识，能够自己论述直播的发展历程及未来的发展趋势。

任务分析

在开始直播之前，我们需要对直播进行一个详细的认识和了解。表 1-1 为直播初识任务单。

表 1-1　直播初识任务单

任务	直播初识	
子任务	走进直播	感知直播
活动形式	2 人小组	2 人小组
活动要求	通过学习，初步认识直播，了解直播的定义、模式、发展历程及趋势，能够用自己的话讲清直播是什么以及直播在未来有何发展	通过比较直播电商与传统电商的异同，进一步明确直播的发展优势。同时能明确直播团队的各个岗位职责，根据自身特点选择合适的直播岗位
岗位标准	能熟练掌握关于直播的基础知识，能根据直播行业的发展趋势对公司未来发展有所规划	能根据各个岗位职责，选择合适的人选，合理掌握直播电商团队的人员配置
活动编号	活动 1.1.1	活动 1.1.2

任务实施

活动 1.1.1　走进直播

任务总领

在公司发展直播业务之前，我们首先要对直播这个行业进行充分的了解。直播，简而言之，就是通过网络平台实时传输视频内容的一种形式。它打破了传统媒体的时空限制，使信息的传播更加迅速、直接和广泛。

小组活动

1. 了解直播基础知识

利用手机、电脑等，在网上搜索关于直播的基础知识，填写表 1-2，对直播这个行业有一个初步的了解。

表 1-2　直播初识表

类目	内容
定义	
模式	
发展历程	
发展趋势	

2. 观看一场直播

在对直播有了一定的了解之后，根据自己的需求和兴趣，选择一个直播平台，认真观看一场直播。看完之后，结合自身对直播的理解，以小组为单位进行讨论。

知识链接

一、直播电商的定义

直播电商是指主播(明星、网红、KOL、KOC、创作者等)借助视频直播形式卖货并实现“品效合一”的新兴电商形式。直播电商最早于2016年由淘宝直播推出，2019年快速发展到其他平台，在2020年狂飙猛进，头部主播、明星、主持人、明星企业家等纷纷走上前台直播带货。直播电商是数字化时代背景下直播与电商双向融合的产物，是以直播为渠道来达成营销目的的电商形式。它是基于视频互动孕育出的一种新的销售渠道，也是电子商务的一种新兴模式。

二、直播电商的模式

1. 按照直播形态不同分类

直播电商按照直播形态不同，可分为卖货型直播、场景引入型直播、教学型直播和供应链型直播四类。

- 卖货型直播：侧重考核销售数据，常见的有珠宝玉石、鞋服箱包、美妆护肤等。
- 场景引入型直播：以展示产品使用功能为主，常见的有运动健身、厨具、家居等。
- 教学型直播：以课程教学内容为主，常见的有乐器类、教具类等。
- 供应链型直播：以展示场地或制造工艺为主，常见的有果园、水产、户外等。

2. 按照直播产品来源不同分类

直播电商按照直播产品来源不同，可分为企业直播和达人直播两类。

- 企业直播：又叫商家自播，是指商家使用自己的品牌或店铺账号，在自己的直播间进行的持续直播带货行为。
- 达人直播：商家利用达人的粉丝和流量帮自己卖货，是以达人账号为中心的货围绕人的电商直播形式。

三、直播电商的发展历程和趋势

1. 发展历程

直播电商高歌猛进，直播带货持续火爆，抖音、快手和淘宝作为直播电商“三巨头”共享盛宴。从爆发到突破，直播电商仅用了 4 年的时间，发展历程大致可以分为四个时期：红利期、蓄能期、爆发期和持续发展期。

（1）红利期（2016 年）。2016 年由技术驱动进入移动直播时代，以游戏直播和秀场直播为主，淘宝、蘑菇街、京东等传统电商平台率先探索电商直播模式。

（2）蓄能期（2017—2018 年）。淘宝、京东等传统电商平台着手孵化直播网红体系，薇娅、李佳琦等直播网红涌现，快手、抖音等短视频平台试水直播电商，服务于直播电商的 MCN（Multi-Channel Network，多频道网络）公司快速成长，直播电商逐步向精细化运营发展。

（3）爆发期（2019 年）。直播带货 GMV（Gross Merchandise Volume，成交总额）暴增，多个平台加码网红培养、流量扶持，并引入明星主播、发展村播等。拼多多、小红书、唯品会、苏宁易购等平台相继上线直播功能，MCN 机构不断深化和探索商业变现模式。

（4）持续发展期（2019 年至今）。直播电商方兴未艾，行业向平台化、产业化发展，直播电商“三巨头”领跑，未来规模将继续保持高速增长。同时，政策扶持和市场需求的推动也促使了三农直播间和绿色直播间的兴起，随着技术的不断进步和市场的持续变化，三农直播间和绿色直播间有望继续保持强劲的发展势头。

2. 发展趋势

随着技术的不断进步和市场的不断开放，数字经济正成为推动我国经济高速发展的重要力量，直播电商的未来发展趋势也与数字经济的发展休戚与共。未来，直播电商将朝着规范化、品质化、创新化等方向蓬勃发展。

（1）规范化发展：随着政府对直播电商行业的监管力度不断加大，行业规范化发展将成为必然趋势。政府将出台更多相关政策和法规，规范直播电商的经营行为，保护消费者权益，促进行业健康发展。

（2）品质化提升：在国家宏观政策的引导下，直播电商将更加注重产品的品质和服务的提升。主播和商家将更加关注商品的质量、售后服务等方面，以满足消费者对高品质商品和服务的需求。同时，平台也将加强商品审核和监管，确保销售的商品符合相关标准和规定。

（3）内容创新：随着市场竞争的加剧，直播电商将更加注重内容的创新和差异化。主播需要不断提升自身的专业素养和表达能力，打造独特的个人 IP，以吸引更多的粉丝和观众。同时，平台也将提供更多元化的直播内容，涵盖文化、旅游、教育等领域，以满足不同消费者的需求。

（4）技术驱动：技术创新将是推动直播电商发展的重要动力。随着 5G、人工智能、大数据等技术的不断发展，直播电商将实现更高效的传输、更精准的推荐和更智能的交互。这将有助于提升直播电商的用户体验和营销效果，进一步推动行业的发展。

（5）跨界融合：直播电商将与更多产业进行跨界融合，形成更加丰富的商业生态。例如当前发展如火如荼的三农直播间，其作为连接农产品和消费者的桥梁，通过直播形式展示和销售农产品，有效促进了农产品的销售和农村经济的发展。今后，直播电商还可以与旅游业、文化产业等进行深度合作，打造具有地方特色的直播内容，吸引更多游客和消费者。

【思考与探究】

同学们，结合我国可持续发展战略，你认为直播电商未来的发展趋势是怎样的？可以怎样进行跨界融合？

活动指导

如何更好地观看直播、认识直播？

观看直播已经成为现代人日常生活中的一部分，要想更好地观看直播并认识直播，可以按以下步骤来操作。

第一步：选择适合自己的直播内容。

在观看直播之前，先思考自己对什么类型的直播内容感兴趣，是娱乐、教育、购物还是其他领域。这有助于你筛选出更符合自己喜好的直播内容。

第二步：培养良好的观看习惯。

在直播过程中，尽量保持专注，避免同时处理其他事务或浏览其他网页。这样可以更好地沉浸在直播内容中，提高观看效果。同时在直播过程中，可以通过弹幕、评论等方式与主播和其他观众进行互动，分享自己的观点和感受，进一步了解直播的魅力。

第三步：理性看待直播内容。

在观看直播时，要保持独立思考的能力，不要被主播的言论或观点所左右。要根据自己的实际情况和需求，理性地判断直播内容的价值。

第四步：深入认识直播的运作机制。

随着技术的不断进步和市场的不断变化，直播行业也在不断发展。关注行业的最新动态和趋势，有助于你更好地把握直播行业的发展方向。

通过以上步骤，可以进一步深入了解直播，为未来的直播工作打下坚实的基础。

活动 1.1.2 感知直播

任务总领

在对直播行业有了初步的认识之后，我们需要思考相较传统电商，直播电商有哪些独有的特点和优势。同时，了解一个直播团队由哪些岗位组成，如何根据自身的特点来选择合适的直播岗位，这些都是在发展直播业务过程中需要尽快解决的问题。

小组活动

1. 比较直播电商和传统电商的异同

利用手机、电脑等，在网上搜索关于直播电商和传统电商的异同，填写表 1–3，明确直播电商对公司发展的优势。

表 1–3 直播电商与传统电商的异同

相同点	
不同点	
直播电商	
传统电商	

2. 组建直播运营团队

收集招聘网站上的直播运营岗位招聘信息，整理其岗位职责，明确直播团队的各个岗位要求，根据自身的特点，选择适合自己的直播岗位。填写表 1–4。

表 1–4 直播运营岗位

岗位名称	学生姓名	所属班级	个人优势
运营			
场控			
主播			
助理			

知识链接

一、直播电商的特征

与其他电商营销方式不同，直播电商具有以下特点（图 1–2）。

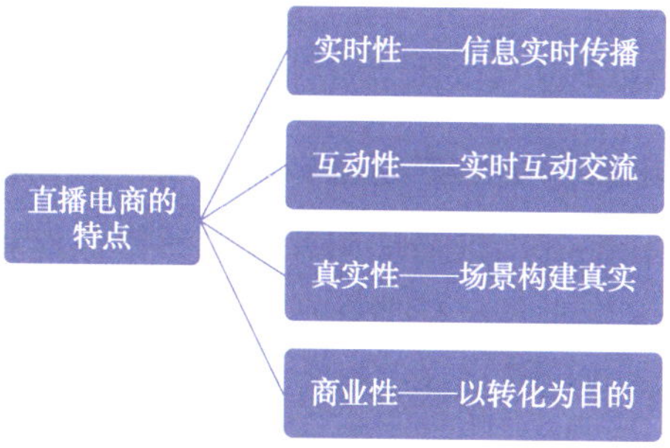

图 1-2　直播电商的特点

1. 实时性

直播电商与其他电商营销方式最大的区别就是具有实时性。直播完全与交易事件的发生、发展同步。

2. 互动性

直播电商可以实现实时互动，具有很强的互动性。在直播过程中，观众通过直播平台可与主播或其他观众进行实时交流。

3. 真实性

直播电商营造的是一种开放性场景化的对话方式，主播实时分享自己的日常，构建了接近日常对话的真实感场景，提高可信度。

4. 商业性

直播电商具有非常强烈的商业性质，它主要是商家引导消费、促进销售的一种辅助手段，最终的目的是将观众的注意力转化为购买力。

二、直播电商与传统电商的不同

直播电商与传统电商的对比分析见表 1-5。

表 1-5　直播电商与传统电商的对比分析

传统电商	项　目	直播电商
用户主动搜索，以商品的刚性需求和购买的便利性为主	人 （自主搜索—主播推荐）	轻松的社交体验，更多的购物乐趣，缩短了用户的购物决策时间
商品流通环节较多，商品主要以图文及视频的形式呈现，展示效果与实际情况可能存在差距	货 （人找货—货找人）	缩短了商品流通环节，用户可通过直播实时、全面地了解商品，并且通过主播的讲解，详细了解商品性能和细节
用户搜索商品，商家付费推广引流，以商品详情页促进成交	场 （线上购物—“新零售”）	直播场景丰富多样，更贴近线下零售场景，实现了“云逛街”

三、直播岗位与人员分工

进行直播就像拍电影，电影拍摄前期要由导演和编剧规划出整体的结构和框架，相关工作人员要做好充分的策划和准备。拍摄期间要有执行导演、场务和剧务等进行资源的协调，控制好现场情况，处理突发事件。后期还要有宣传人员进行电影的宣传和推广。最重要的是，一部好电影离不开整个团队的通力配合。

直播也是如此，需要前期的策划、过程的协调、具体的执行。在具体的人员配置方面，刚起步的直播团队的标配为：运营+场控+主播。

1. 运营

运营岗位的职责包括三方面：整体规划、团队协调和复盘提升。

（1）整体规划。运营人员需要根据主播所处的成长阶段，制定主播孵化和成长方案。在日常运营中，根据日常安排、节日安排、平台活动等关键要素规划直播主题，同时负责选品和策划直播脚本。例如，直播的主题是什么，是日常直播还是活动直播？根据主题需求，需要筛选哪些商品并与商家进行合作？奖品和福利如何设置？奖品如何发放？这些都需要运营人员在前期进行主导规划。

（2）团队协调。运营人员通常还发挥组织者的作用，需要协调与直播相关的主播、场控、商务等成员，使整个团队通力配合完成一场直播。

（3）复盘提升。运营人员一方面需要实时监控直播中的各项数据，根据不同的情况及时进行商品、时间、策略等方面的调整；另一方面也需要及时总结和复盘每场直播的数据，不断优化直播内容和玩法，只有这样才能达到提升直播效果的目的。除了以上职责，根据团队的需要，运营人员可能还要对接商务资源和主播资源，以及负责挑选、培训新的主播，堪称团队中的“头脑担当”和“多面手”。

2. 场控

场控的工作职责包括四个方面：软硬件调试、后台操作、提醒、指令接收及传达。

（1）软硬件调试。场控在开播前要进行相关的软硬件调试，如摄像头的角度、画面分辨率、灯光的强弱、音频输出、背景音乐和直播贴片等。

（2）后台操作。开播之后，场控要负责好主播台的后台操作，包括直播推送、发布公告栏信息、宝贝上架及推送优惠券等工作。

（3）提醒。场控其实也类似于主播助理，提醒是一个重要的职责。流量高峰期提醒、商品爆单提醒、活动时间提醒、直播环节提醒、商品信息提醒、商品优惠提醒等都是重要的提醒内容。

（4）指令接收及传达。将运营发放的指令，如实时的活动通知，或者是新加入的直播福利及玩法，及时地传达给主播。

3. 主播

主播是直播间的核心角色，需要参与规划主题、直播选品、商品测评、脚本策划、直播复盘等工作。另外，随着团队的成熟，可以考虑配备直播助理或者副播，负责配合主播做好前期的商品确认和开播准备工作，同时还要在直播中配合主播做好商品讲解，带动直播间的节奏。

（1）前期准备。在开播前，主播需要熟悉直播脚本和直播商品，熟记每场直播的商品信息、价格信息、优惠方案、商品卖点、库存信息、活动方案和配合方式等。

（2）中期互动。在直播的过程中，主播需要注意活跃直播间的气氛，及时解答粉丝疑问，合理运用信任手法打消粉丝的顾虑，使用成交策略提高订单转化率。同时，要时刻注意粉丝的活跃度，引导新粉丝关注。

（3）下播维护。主播要注意自己个人 IP 的打造，提高粉丝黏性。

总之，无论是店铺直播还是机构直播，运营、场控、主播可以说是标准的人员配备。随着业务的拓展，团队需要及时根据需求扩充新的岗位，如招商、买手、仓管、品控、摄影师和美工等，如图 1-3 所示。

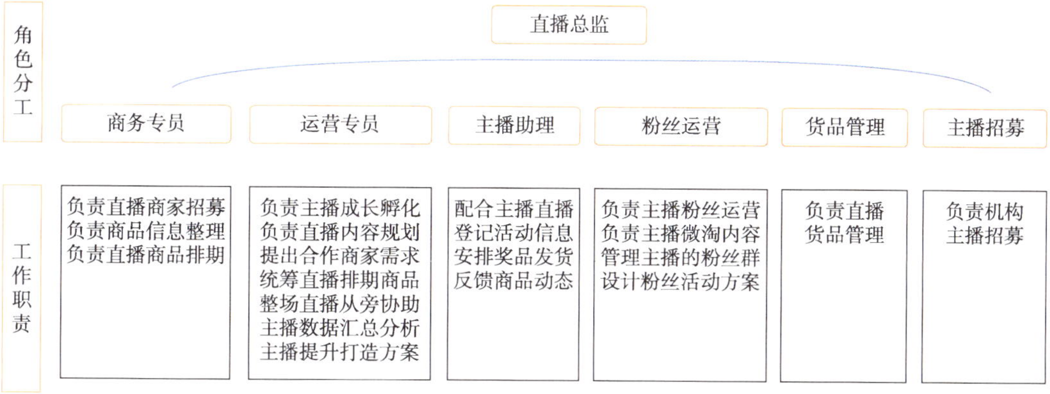

图 1-3　直播团队其他岗位及职责

【思考与探究】

在直播带货过程中，岗位人员越多越好吗？

活动指导

如何选择适合自己的直播岗位?

在充分了解直播岗位职责后，如何根据自身的特点选择合适的直播岗位呢?

第一步：评估自身能力和兴趣。

首先，分析自己的兴趣所在，比如是否对主持、营销、设计、技术等方面感兴趣；其次，考虑自己的性格特点和优势，比如是否善于与人沟通、是否有创新思维等；最后，评估自己的专业技能和工作经验，看是否符合某个岗位的要求。

第二步：匹配岗位与自身条件。

首先，根据自己的兴趣和能力，筛选出适合自己的直播岗位；其次，了解不同岗位的发展前景和晋升空间，看是否符合自己的职业规划；最后，考虑岗位的工作内容、工作环境和薪资待遇等因素，看是否符合自己的期望。

第三步：寻求职业咨询和建议。

如果在职业选择方面感到迷茫，可以寻求职业咨询师或行业专家的建议和指导。他们可以帮助你更全面地了解直播行业和相关岗位的情况，为你提供更具体的建议，为你的职业发展指明方向。

【任务评价与反思】

根据考核内容，学生完成自我小结并进行自评打分。教师根据学生活动情况进行点评并完成教师打分。按照“自评分 20%+互评分 30%+专业教师评分 50%”的方式计算得分，填写表 1-6。

表 1-6　任务综合评价表

班级：　　　　　　　　　　姓名：

项目一：任务一　直播初识							
序号	评价项目	测评标准	分值	自评 20%	互评 30%	教师 50%	得分
1	走进直播	能熟练掌握关于直播的基础知识，能根据直播行业的发展趋势对公司未来发展有所规划	50				
2	感知直播	能清楚直播的发展优势。能根据各个岗位职责，选择合适的人选，合理掌握直播电商团队的人员配置	50				
合计			100				

任务二　直播平台选择

任务目标

知识目标：1. 了解常见的直播电商平台。
　　　　　2. 掌握各个直播电商平台的差异。
技能目标：1. 能够选择合适的直播电商平台。
　　　　　2. 能够分析直播电商平台的差异。
思政目标：1. 培养独立思考并解决问题的能力。
　　　　　2. 培养灵活的商业头脑和市场意识。

任务描述

直播运营经理小王：介绍完直播的基础知识，想必大家已经对直播有了初步的了解，也进一步明确了直播对于我们公司未来的发展是至关重要的。首先，直播能够直接触达目标用户群体，通过实时互动提高用户参与度和忠诚度；其次，直播能够实时展示产品、服务或活动内容，提升品牌形象和认知度；最后，直播具有强大的营销能力，可以通过带货、赞助、广告等方式实现商业变现。

董事长湖小武：小王，你刚才讲得非常精彩。据我了解，直播的平台有很多，我们公司想要发展直播业务，应该选择哪个直播平台呢？有没有什么服务平台为直播助力呢？

直播运营经理小王：直播电商平台是一种新型的电子商务平台，它结合了直播技术和电子商务功能，通过主播的实时直播展示商品，并引导观众进行购买。如今直播电商平台众多，我们常见的有淘宝、抖音、京东等，那么如何根据公司的特点来进行选择呢？首先我们需要充分了解各个直播电商平台。

希望你通过本任务的学习，能够对各个直播平台有一个初步的认识，能够分析各个直播平台的优势所在，并可以有效运用直播服务平台来为直播助力。

任务分析

从商业模式的角度来看，电商直播模式在主播、商品、消费者的背后，是平台。而对于电商平台、内容平台、社交平台而言，因其本身属性不同，所以也呈现出多样的平台环境。直播运营经理小王需要带领整个团队从平台特征、直播类型、商品特征、用户特征等方面综合考量，根据企业自身条件和资源在跨类型或同类型平台中通过对比来做出选择。任务详情见表 1-7。

表 1-7　任务单

任务	直播平台选择	
子任务	比较直播平台	选择直播平台
活动形式	3~4 人小组	3~4 人小组
活动要求	通过学习，初步认识各个直播平台，充分了解直播平台的类型，并能够对直播平台的环境进行分析	通过比较各个直播平台，对其进行差异分析
岗位标准	能充分了解各个直播平台，能结合公司自身的特点，选择合适的直播平台	能对每个直播平台进行差异分析
活动编号	活动 1. 2. 1	活动 1. 2. 2

任务实施

活动 1. 2. 1　比较直播平台

任务总领

在了解一定的直播基础知识后，我们需要确定对公司发展最有利的直播平台。直播平台是借助网络技术来实现视频直播服务的，是主播和观众能够进行互动、娱乐和沟通的平台。

小组活动

利用手机、电脑等，在网上搜索直播电商平台有哪些，并针对其进行环境分析，填写表 1-8 从而选择最合适的直播平台。

表 1-8　直播电商平台特征及环境分析

直播电商 App	App 直播电商平台特征	环境分析
淘宝		
抖音		
快手		
微博		
拼多多		

续表

直播电商 App	App 直播电商平台特征	环境分析
京东		
小红书		
B 站		

知识链接

一、常见的直播电商平台

1. 淘宝直播电商

淘宝直播是阿里巴巴集团推出的电商直播模式，集购物、直播、互动于一体，通过实时视频直播的形式，向用户展示各种产品和商品，与消费者实时互动，提升其购物体验。淘宝直播拥有庞大的用户群体和丰富的商品资源，转化率较高，是直播电商领域的佼佼者。图 1-4 为淘宝直播界面。

2. 抖音直播电商

抖音隶属于北京抖音信息服务有限公司，最开始是一款音乐创意短视频社交软件，其主要用户群体为年轻人。用户可以通过该平台选择歌曲，拍摄音乐短视频。抖音直播是抖音平台推出的直播销售功能。抖音作为中国领先的短视频社交平台，拥有庞大的用户群体和高度活跃的社交氛围。商家可以在抖音直播间内展示商品，与观众进行实时互动，利用抖音的算法推荐功能，将商品精准推送给潜在消费者。抖音直播电商具有互动性强，视觉冲击力强，新、奇、潮的特点，适合年轻消费者群体。图 1-5 为抖音直播界面。

图 1-4　淘宝直播界面

图 1-5　抖音直播界面

3. 快手直播电商

快手是北京快手科技有限公司旗下的短视频软件，其前身是 GIF 快手，创建于 2011 年 3 月，是用于制作和分享 GIF 图片的一款手机应用。2012 年 11 月，GIF 快手从纯粹的工具应用转型为短视频社区，其定位是记录和分享用户生活的平台；2013 年 7 月，GIF 快手正式更名为快手。截至 2020 年年初，快手日活跃用户量突破 3 亿。快手主要面向三四线城市及广大农村用户群体，为这些群体提供了一个直接展示自我的平台。因此，在快手上占据主导地位的不是明星和 KOL，也不是影响力巨大的网红，而是普通的"草根"。快手在 2018 年开始布局电商。在快手有大量工厂、原产地、产业链上的主播，他们的直播内容也紧紧围绕自身属性。这种直接展现产品源头、产品产地的卖货方式，可以让消费者对产品有更直观的了解，从而提升消费者对产品的好感度和忠诚度。下沉市场的用户黏性极高，有助于提升转化。下沉市场恰恰避开了一二线城市的流量红利，使得快手在三线及以下城市的带货力度得以最大化。此外，快手主播有较强的粉丝积累，也就是快手标签的"老铁关系"，对于品牌而言，选择快手作为直播阵地的前提是需要有一个足够扎根的"老铁"。图 1-6 为快手直播界面。

4. 京东直播电商

京东直播是京东平台推出的直播电商功能。京东作为中国领先的电商平台之一，具有强大的电商基因和丰富的商品资源。京东直播位于京东 App 首页核心导购区域频道，是新零售时代下兴起的新型消费购物功能。商家可以通过京东直播展示商品、推广品牌，与消费者进行实时互动，提高销售转化率。图 1-7 为京东直播界面。

5. 拼多多直播电商

拼多多直播是拼多多平台推出的直播电商模式。拼多多以社交电商为主要特点，通过拼团、砍价等社交互动方式吸引用户。拼多多直播以红包裂变的方式吸引用户观看直播，提高直播间的人气。商家可以在拼多多直播间内展示商品、进行互动营销，提高销售效果。图 1-8 为拼多多直播界面。

二、直播平台环境分析

1. 市场规模与增长

中国直播电商行业市场规模预计在未来几年将持续增长。这一增长趋势表明，直播平台具有巨大的市场潜力和吸引力。直播用户规模也在不断扩大，尤其是年轻用户群体对直播内容的关注度较高，这为直播平台提供了庞大的用户群体和潜在市场。

图 1-6　快手直播界面

图 1-7　京东直播界面

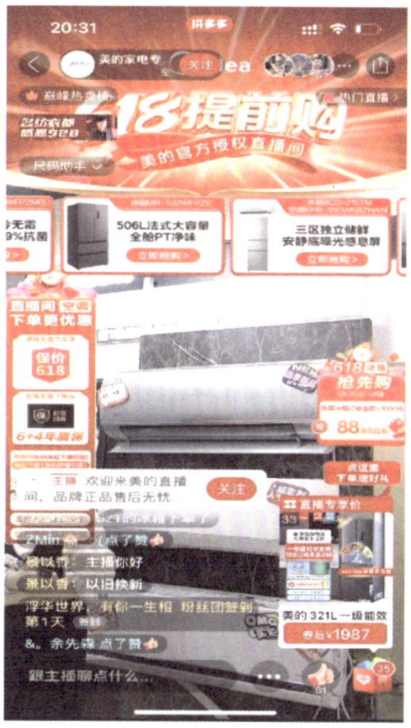

图 1-8　拼多多直播界面

2. 竞争格局

直播行业竞争激烈，主要参与者包括淘宝、快手、京东、拼多多等。这些平台通过提供多样化的直播内容和优质的服务来吸引用户。随着市场的不断成熟，未来直播行业的竞争将更加激烈，平台之间将更加注重差异化和专业化。

3. 用户特点

直播平台的用户以年轻人为主，他们注重娱乐性和互动性，喜欢观看各类直播，并愿意通过直播购买商品。同时，随着直播购物的普及，越来越多的中老年用户也开始尝试直播购物。用户的观看习惯和购买行为也在不断变化，他们更加注重商品的质量和性价比，以及主播的信誉和专业度。

4. 内容生态

直播平台的内容生态日益丰富，涵盖了游戏、娱乐、电商、教育等多个领域。不同类型的主播和商家通过直播形式向用户展示商品、分享经验、传递知识等。随着用户对内容的需求不断升级，平台需要不断提升内容的质量和多样性，以满足用户的多样化需求。

5. 技术发展

不断发展的直播技术为直播平台提供了更多的可能性。例如，5G 技术提高了直播画面的清晰度和流畅度，增强了用户的观看体验。AI 技术也为直播平台带来更多的创新，如智能推荐算法、虚拟主播等。然而，随着技术的发展，各种挑战也接踵而至，如数据安全、隐私保护等，需要平台加强管理和防范。

6. 监管政策

政府对直播平台的监管越来越严格，出台了一系列政策来规范直播营销、自动续费等行为。这些政策旨在保护消费者权益，维护市场秩序。直播平台需要遵守相关法规，加强自律管理，确保直播内容健康、合法。

综上所述，直播平台环境分析显示该行业具有巨大的市场潜力和吸引力，但也面临着激烈的竞争和严格的监管政策。为了保持竞争力并实现可持续发展，直播平台需要不断创新和优化服务内容，满足用户需求并遵守相关法规。

活动指导

如何对各个直播平台进行环境分析？

对各个直播平台进行环境分析时，可以从多个维度进行综合考量，包括外部环境和内部环境。

第一步：外部环境分析。

市场趋势：观察当前直播电商行业的发展趋势，了解市场规模、增长速度、用户画像等。

竞争态势：分析市场上主要竞争对手的情况，包括其市场份额、用户规模、品牌知名度等。了解竞争对手的优劣势，以及他们在市场中的定位和策略。

政策法规：研究政府对直播电商行业的政策导向和监管措施。了解相关法规的变化可能对直播平台产生的影响，以及平台需要遵守的规范和标准。

技术环境：评估当前直播技术的发展水平和趋势，包括视频编码技术、传输技术、互动技术等。分析这些技术如何影响直播平台的用户体验和运营效率。

第二步：内部环境分析。

平台定位：明确直播平台的定位和目标用户群体。分析平台是否专注于某一领域或特定用户群体，以及这种定位是否有助于平台在市场中脱颖而出。

主播资源：评估平台上主播的数量、质量和活跃度。分析主播的吸引力、粉丝基础和带货能力，以及平台如何吸引和留住优质主播。

商品资源：了解平台上商品的种类、品质和供应链情况。分析平台如何确保商品的质量和供应链的稳定性，以及如何通过合作或自营等方式拓展商品资源。

用户体验：从用户的角度评估直播平台的易用性、稳定性和互动性。分析平台在界面设计、功能设置、直播质量等方面的表现，以及用户反馈和需求。

技术能力：评估直播平台在技术研发和创新方面的能力。分析平台如何不断改进直播技术、提高用户体验和运营效率，以及如何应对市场竞争和技术变革。

第三步：竞争分析。

优势(Strengths)：分析各个直播平台是否拥有庞大的用户群体、多元化的内容、先进的技术和强大的主播资源，评估其能否满足不同用户的需求，从而吸引更多的用户。

劣势(Weaknesses)：评估各个直播平台的主播素质是否参差不齐，对平台形象会不会造成一定负面影响；直播内容是否存在同质化现象，缺乏创新，导致用户流失；平台是否面临着严格的监管要求，需要花费大量资源来确保内容合规，以及随着用户规模的扩大，直播平台是否存在一定的技术瓶颈。

机会(Opportunities)：分析各个直播平台是否与其他行业进行了跨界合作，拓展了业务范围；直播平台是否利用了5G、AI等技术来提升用户体验和服务质量，是否在积极拓展海外市场，实现全球化发展。

威胁(Threats)：直播市场竞争激烈，各直播平台是否在不断创新和优化服务来保持竞争力；各直播平台是否重视技术风险，网络安全、数据泄露等问题可能对平台造成重大损失。同时，随着用户需求的不断变化，各直播平台是否在尽力满足用户需求，避免用户流失。

第四步：综合分析。

战略选择：根据SWOT分析结果，制定适合直播平台的战略。包括市场拓展、产品创新、技术升级等方向。

风险评估：对直播平台可能面临的风险进行评估和预测。这有助于平台提前制定应对措施，降低风险对业务的影响。

活动 1.2.2　选择直播平台

任务总领

在对各个直播平台有了一定的了解后，如何根据公司自身情况，选择合适的直播平台，是我们急需解决的问题。

小组活动

根据已有知识，分小组填写表1-9，进一步明确各个直播平台的特点及适用范围，为公司选择最合适的直播平台。

表 1-9　各直播平台的特点及适用范围

直播电商平台	特　点	适用范围

知识链接

对企业来说，基于企业的产品特性、营销目标和发展特点选择合适的直播平台尤为重要。根据不同直播电商平台的特点，将各直播电商平台分成三大梯队，并简单分析其直播电商属性。

第一梯队：综合性大型直播电商平台

1. 淘宝直播

作为阿里巴巴集团旗下的直播电商平台，淘宝直播具备极强的电商属性。其主要围绕商品销售，通过直播形式展示商品特点、使用场景、优惠促销等，促进用户购买决策。其主要依托淘宝强大的电商生态系统，拥有完善的交易、支付和物流体系，为消费者提供便捷的购物服务。但是，强电商属性也意味着在该平台进行直播的品类十分丰富，这使得小众品牌商家不具备优势。在淘宝直播中，直播内容和主播是提升流量的关键因素。

淘宝直播适用于各类商品的销售，特别是那些需要详细展示和介绍的产品，如服装、美妆、家居用品等。对于希望扩大市场覆盖面、提升品牌知名度的商家来说，淘宝直播是一个理想的选择。淘宝直播的用户基数大，能够吸引更多的潜在消费者。同时，淘宝直播也适合那些希望通过数据分析、营销推广等手段来提升销售效果的商家。

2. 京东直播

京东直播具有较强的电商属性，用户基本上是为了购买产品而观看直播的，消费目的性较强。通过直播形式，为用户呈现高品质的商品，并提供快速、精准的物流配送服务。京东直播与京东商城紧密结合，用户在直播间购买的商品可以享受京东的售后保障，提升购物信任度。虽然没有代表性网红主播和商家，但基于庞大的用户群体和京东全品类的电商优势，京东直播更倾向于推出爆款商家和主播联合的方式，以此吸引更多商家加盟。

京东在物流、售后服务等方面的优势使得其直播电商适合那些注重服务体验的消费者。这些消费者在购买商品时更看重配送速度和售后保障，而京东能够提供这些服务。

3. 拼多多直播

拼多多直播以价格敏感型用户为主要目标群体，注重团购和拼单等优惠方式。其商品种类以日用品、食品等日常生活用品为主，价格实惠。

拼多多直播适合那些价格敏感、追求性价比的消费者。对于希望提高商品销量、吸引价格敏感型用户的商家来说，拼多多直播是一个具有吸引力的平台。

第二梯队：内容驱动型直播电商平台

1. 抖音电商直播

抖音电商直播将短视频内容与电商直播相结合，通过有趣、创新的短视频来吸引用户关注，再通过直播形式进行商品销售。其内容不仅包括商品展示，还融入了娱乐、时尚等元素，提升用户观看体验。抖音电商直播的用户群体以年轻人为主，注重时尚、潮流和个性化消费。通过算法推荐系统，精准推送符合用户兴趣的商品和直播内容。

抖音电商直播适用于时尚、美妆、食品等具有视觉吸引力和内容创意性的商品。对于希望吸引年轻消费者、提升品牌形象的商家来说，抖音电商直播是一个不错的选择。

2. 快手电商直播

快手电商直播以平民化、接地气的内容为主，通过真实、有趣的直播形式展示商品，吸引用户关注和购买。其直播内容涵盖多个领域，包括生活、美食、美妆等。快手电商直播强调用户与主播之间的互动，通过点赞、评论、分享等方式增强用户参与感。同时，快手电商直播还提供多样化的营销工具，帮助商家提高销售额。

快手电商直播适用于农产品、日用品、食品等适合通过直播进行展示的商品。对于希望拓展下沉市场、提高用户忠诚度的商家来说，快手电商直播是一个值得考虑的选项。

第三梯队：垂直领域直播电商平台

1. 蘑菇街直播

蘑菇街直播专注于女性时尚领域，通过直播形式展示时尚穿搭、美妆护肤等商品，满足女性用户的购物需求。其直播的用户群体以女性为主，注重时尚、美丽和个性化。其直播内容具有较强的专业性和时尚感，能够吸引女性用户。蘑菇街在供应链方面也具有一定的优势。主播可以在后台积累大量订单，再返销给工厂去生产，然后交付给用户，此过程大幅提升了供应链的效率，降低了库存风险。蘑菇街的货品来源主要有三个：源头的工厂、品牌的库存/新货、KOL 的品牌。

对于需要优化供应链的商家来说，蘑菇街直播也是一个不错的选择。

2. 小红书直播

小红书作为女性社交内容“种草”平台，其直播开展看起来有点晚，还处于前期测试期，其直播流量来源是平台自身流量和小红书达人私域流量。其直播以年轻女性用户为主，注重内容创意和品质感。其用户群体具有高度的消费能力和购买意愿，对商品的品质和审美要求较高。小红书直播通过图文和直播的形式展示商品，能够为用户提供购物指导。

小红书直播适用于美妆、护肤、时尚等需要展示产品效果和品质的商品。小红书直播的用户群体以年轻女性为主，注重商品的品质和审美要求，因此对于希望吸引高端消费群体、提升品牌价值的商家来说，小红书直播是一个值得尝试的平台。

直播电商是传统电商的衍生模式，是在电子商务环境下使用直播媒介，以促进商品和服务销售的一种商务模式。对刚进入直播行业的企业来说，选择合适的直播平台是开展直播电商的第一步。不同直播电商平台具有不同的特点和适用情况，商家在选择时应根据自身商品特性、目标用户群体以及营销需求进行综合考虑。同时，商家也可以根据不同平台的优势和特点制定多元化的营销策略，提高销售效果和市场竞争力。

活动指导

如何选择合适的直播平台?

在选择适合公司情况的直播平台时，需要综合考虑公司的目标、资源、市场需求以及直播平台的特点和优势。

第一步：明确公司目标和需求。

确定公司希望通过直播实现什么目标，例如提升品牌知名度、推广新产品、增强客户互动等。同时分析目标受众，了解他们的需求和喜好，以便选择更符合他们需求的直播平台。

第二步：研究直播平台的特点和优势。

评估不同直播平台的用户规模、活跃度和用户画像，确保平台与公司的目标受众相匹配。了解直播平台的功能和特性，如直播质量、互动功能、数据分析工具等，以确保它们能满足公司的需求。同时也要研究平台的口碑和用户评价，以了解平台的稳定性和服务质量。

第三步：考虑平台的合规性与安全性。

确保所选平台符合相关法规和政策要求，以避免潜在的法律风险。评估平台的安全性，包括数据保护、内容审核和网络安全等方面，以确保公司的信息安全和声誉不受损害。

第四步：结合公司资源和能力。

考虑公司的技术能力和人力资源，选择适合公司实际情况的直播平台。如果公司具备开发能力，可以考虑自建直播平台或定制化开发以满足特定需求。

【任务拓展】

直播服务平台是借助网络技术来实现视频直播服务，是主播和观众能够进行互动、娱乐和沟通的平台。这类平台提供了丰富的直播功能，包括直播预告、实时直播、回放观看等，以满足不同用户的需求。蝉妈妈、小店随心推和巨量千川都是电商生态中的重要组成部分，它们各自在直播电商领域扮演着不同的角色，为直播平台的建设提供帮助。

1. 蝉妈妈

蝉妈妈是一个抖音电商一体化智能营销平台，主要提供抖音达人、商品、直播、短视频、小店等多维度数据分析服务，为商家提供智能匹配达人及一站式抖音营销服务。通过多维数据支持，蝉妈妈帮助商家全面了解抖音电商的各个方面，从而制定更有效的营销策略。此外，蝉妈妈还定期举办年度大会和奖项评选活动，为电商行业提供交流和学习的平台。

2. 小店随心推

小店随心推是针对抖音小店商家的广告投放工具，旨在帮助商家实现零基础投放、低成本投放、多目标投放，让电商营销更省心高效。通过降低投放门槛、降低操作难度、控制投入成本，小店随心推帮助电商用户实现广告投放的精准和高效。同时，小店随心推还提供了多种出价方式和精准的潜力人群定向，以满足不同商家的投放需求。

3. 巨量千川

巨量千川是巨量引擎旗下的电商广告平台，为商家和创作者们提供电商一体化营销解决方案。巨量千川整合了 DOU+、巨量鲁班、AD 平台的电商营销能力，只需开通一个千川账号即可进行所有店铺推广的操作。通过全域推广和素材探索模型等功能，巨量千川帮助商家提升广告投放效果和转化效率。此外，巨量千川还在流量精准度上具备优势，通过定向筛选、人群筛选、创意关键词筛选等步骤，帮助商家找到最精准的目标用户。

【思考与探究】

总体而言，蝉妈妈、小店随心推和巨量千川在电商生态中各自发挥着重要的作用。在对这三种直播服务平台有了初步的认识之后，请同学们课后思考并调研各个直播服务平台的侧重点是什么？它们各自有哪些优势和劣势？

【任务评价与反思】

根据考核内容，学生完成自我小结并进行自评打分。教师根据学生活动情况进行点评并完成教师打分。按照“自评分 20%+互评分 30%+专业教师评分 50%”的方式计算得分填写表 1-10。

表 1-10　任务综合评价表

班级：　　　　　　　　　　　　姓名：

项目一：任务二　直播平台选择							
序号	评价项目	测评标准	分值	自评 20%	互评 30%	教师 50%	得分
1	比较直播平台	能熟练掌握各个直播平台的现状，明晰各个直播平台的特点及所处的环境	50				
2	选择直播平台	能对每个直播平台进行差异分析，能结合公司自身的特点，选择合适的直播平台	50				
合计			100				

【综合练习】

1. 直播电商的发展历程是怎样的？
2. 你最喜欢哪个直播电商平台？为什么？
3. 选择主播时，应考虑哪些因素？可结合主播的职业素养来探讨。

项目二

直播准备

【项目概述】

直播运营经理小王：我们已经确定了直播平台，接下来要选择合适的商品以及创建我们公司的直播间了。

直播选品员小新：好的，王经理，有哪些具体的要求呢？

直播运营经理小王：合理、精准的直播选品能够提升直播流量和销售效果，在满足消费者需求的同时也能够保障主播的口碑和信誉；而一个完美的直播间能够优化直播体验，吸引更多观众，提高用户黏性。所以你在做直播选品和直播创建工作时要根据上面的要求去做。

直播选品员小新：好的，我计划从选择直播商品、组合与更新直播商品以及搭建直播间和开通直播间四个方面来进行。

直播运营经理小王：很好，你跟采购部门做好对接。

直播选品员小新：好的，我马上就着手这些工作。

【项目分析】

本项目分为两个任务，任务一：直播选品，包括选择直播商品，组合与更新直播商品；任务二：直播创建，包括搭建直播间和开通直播间(图 2-1)。

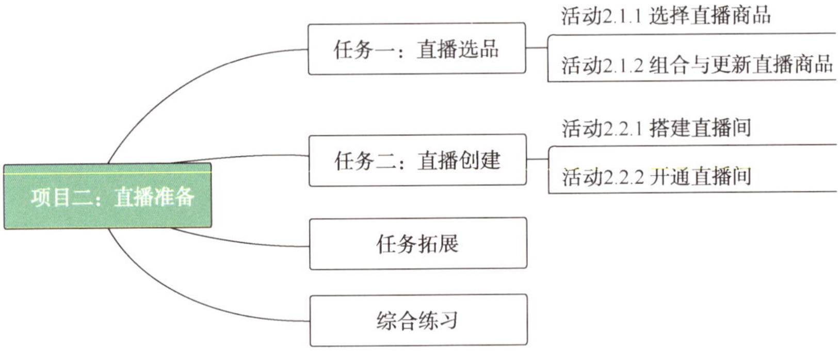

图 2-1　项目二思维导图

任务一 直播选品

任务目标

知识目标：1. 理解直播选品的含义。
2. 熟悉直播选品的步骤及标准。
3. 掌握直播商品组合与更新的技巧。
技能目标：1. 能按照所学步骤进行直播选品。
2. 会进行直播商品的组合与更新。
思政目标：1. 培养遵纪守法的职业素养，选择合法合规的直播商品。
2. 培养团队意识，提升合作能力。

任务描述

直播选品员小新：王经理，近期我通过线上和线下相结合的方式为我们直播间选择合适的直播商品，我们的经营范围很广泛，我找了很多商品，都可以放在我们直播间进行销售。

直播运营经理小王：小新，虽然我们可以销售的商品品类众多，但并不是所有的商品都适合我们啊！

直播选品员小新：好的，那我先根据近期的热点文创产品，选择合适的商品在即将到来的五一假期期间投放。

直播运营经理小王：可以的，你在选择文创产品时不能仅仅跟着感觉走，需要有分析、有步骤，同时根据我们直播间的定位参照一些直播选品的标准。

直播选品员小新：好的，王经理，我接下来会按照一定的步骤和标准选择最适合我们的商品，我也会去头部主播的直播间看看他们选择的商品有哪些特点值得我们学习。

直播运营经理小王：非常好，加油，直播选品至关重要，一定要科学、合理地选择直播商品。同时，你还要考虑直播销售的连贯性和长期性，我们的直播销售不止一场，你在进行直播商品的组合与更新时也要制订科学的计划，以便为直播间做好引流，提高销售量和利润。

直播选品员小新：好的，我这就去查阅资料，做好规划。

任务分析

直播商品在直播电商中扮演着举足轻重的角色。企业需要重视直播商品的选择和管理，确保商品的质量、特点和优势能够与直播内容相匹配，从而实现更好的销售效果，继而提升品牌形象。表 2-1 为直播选品任务单。

表 2-1　直播选品任务单

任务	直播选品	
子任务	选择直播商品	组合与更新直播商品
活动形式	2 人小组	2 人小组
活动要求	通过学习，了解直播选品的操作步骤和参照标准，能够根据直播间的定位以及特定的时段从众多商品中选择出适合本直播间销售的商品	通过学习，理解直播商品组合与更新的重要意义，能根据已学知识设计合理的商品组合方案
岗位标准	能收集产品图文素材，使用网络搜索工具核实、整理产品素材信息	能收集和汇总产品营销方案的相关信息，完成已选商品的组合与搭配
活动编号	活动 2. 1. 1	活动 2. 1. 2

任务实施

活动 2. 1. 1　选择直播商品

任务总领

选择直播商品的意义在于提升直播内容质量、满足观众需求、塑造品牌形象、推动销售增长以及建立信任关系。通过精心挑选和展示商品，可以提高直播的吸引力和效果，为品牌带来更大的商业价值。

小组活动

登录抖音直播平台，选择两个人气差别比较大但都是销售茶叶的直播间进行观看，通过小组合作从直播选品的角度找出导致人气差别大的原因，填写表 2-2。最后结合实际体会，明确直播选品的要求，进行直播选品准备。

表 2–2　直播选品对比

直播间 1	VS	直播间 2
直播间名称：		直播间名称：
直播人气：		直播人气：
直播选品特点：		直播选品特点：
我的感悟：		

知识链接

直播选品是指在直播带货的过程中，根据直播内容、受众需求、商品性价比、品质保证等因素，选择适合在直播间进行展示和销售的商品的过程。直播选品是直播带货成功与否的重要环节，合适的商品能够吸引观众，提高直播的转化率和销售额。一般来说，直播选品可以按照一定的步骤和标准进行。

一、直播选品的步骤

1. 了解行业趋势

关注巨量算数等媒体、咨询机构的行业趋势报告，了解所处行业整体发展情况，发掘行业机会，预判行业成长空间。

2. 关注同行

进入抖音电商罗盘，选择自己所属的行业，查看品牌自播排行榜，借鉴优秀商家的直播选品经验，找到对标账号进行学习。

3. 竞品分析

在各平台搜索商品名称关键词，按销量排序，看前 10 名货品的规格、销量和主流价格区间等，分析主推商品的目标人群规模，为直播选品和定价做参考。

4. 确认选品

结合竞品情况及自身产品特点和销售目标，确认秒杀款、爆款、利润款和话题款的商品分布结构，筛选出最适合直播间的产品。

5. 持续优化选品

根据市场反馈和销售数据，持续优化直播间商品结构，确保商品组合符合市场需求和销售目标。

在具体操作过程中，可以根据实际情况对以上步骤进行适当调整。同时，需要综合考虑多个方面的因素，包括目标受众、市场趋势、产品质量、产品种类、产品特色等。

二、直播选品的标准

在进行直播选品时通常需要按照以下标准进行综合考量，同时根据直播间的定位和目标受众进行相应的调整。

1. 品相

产品的品相是指产品的外观、质地、使用效果等方面对消费者感官的冲击力。在直播带货场景下，产品的品相尤为重要，因为好的品相可以最大限度地激发消费者的购买欲望。因此，在直播选品时，应选择外观吸引人、质地优良、使用效果突出的产品。

2. 品质

在直播选品中，产品的质量是至关重要的。质量好的产品可以赢得消费者的信任，提高购买意愿，同时也能减少售后问题的发生。因此，在选品时，应选择那些质量可靠、耐用、有保障的产品。

3. 品牌

品牌知名度高、口碑好的产品通常更容易得到消费者的信任和认可，从而提高销售转化率。同时，品牌产品通常也更有品质保证，能够减少售后问题的发生。因此，在直播选品时，可以选择与知名品牌合作，或者选择那些虽然不是大品牌，但品质可靠、口碑良好的产品。此外，品牌定制的独家产品也是一个很好的卖点，能够吸引消费者的注意力。总之，品牌是直播选品中需要考虑的重要因素之一，它能够提高产品的信誉度和销售转化率。

4. 价格

价格是消费者购买决策中非常重要的因素之一。在直播选品时，需要考虑产品的价格是否合理，是否符合消费者的购买预算。同时，也需要考虑产品性价比，选择性价比高的产品。

5. 卖点

卖点，是指对于消费者而言，所卖商品与同类商品相比，具有的与众不同的特色。一般来说，产品的卖点可以从品质、价格、设计、品牌等方面进行挖掘。例如，产品是否具有独特性、是否有创新点、是否有技术含量等，这些都可能成为吸引观众的卖点。此外，如果产品具有文化内涵或者与某个热门话题相关，也可以作为卖点来宣传。

6. 收益

直播选品的收益是指通过直播销售产品所能获得的利润。在选择产品时，需要考虑产品的利润率、市场需求、竞争情况等因素，以确保所选产品能够为直播间带来足够的收益。同时，主播还需要了解产品的退货率、退换货处理等售后问题，以减少损失。

7. 与粉丝匹配度

为了提高购买转化率，主播需要选择适合自己粉丝的产品。这需要主播深入了解粉丝的需求和喜好，根据粉丝画像来选择合适的产品。例如，粉丝主要是年轻人，那么时尚、潮流、美妆、数码等类型的产品可能更合适；粉丝主要是家庭主妇，那么家居、母婴、食品等类型的产品可能更合适。此外，主播还需要考虑产品的价格、功能、品质等方面是否符合粉丝的预算和需求。如果产品与粉丝的匹配度较高，那么销售转化率也会相应提高。

8. 供应链

稳定的供应链可以保证产品的供应和质量，避免出现断货、缺货等问题，影响销售效果和消费者体验。因此，在选择产品时，主播需要了解供应商的实力和信誉，选择可靠的供应商和品牌。同时，也需要建立稳定的合作关系，确保产品的供应和质量能够得到保障。

9. 法律法规

在直播选品时，需要遵守相关法律法规，确保产品的合法性和安全性。例如食品需要符合食品安全标准，保健品需要具备相应的保健功能等。

【思考与探究】

同学们，你们能针对自己正在使用的商品，提炼出该商品的卖点吗？你们能说出粉丝（用户）画像的含义吗？

活动指导

所谓卖点，即商品突出的、与众不同的特点，它代表了商品的核心竞争力。因此，商品卖点的提炼至关重要，直播选品员小新打算制定一套流程来提炼商品卖点，最终他使用了商品属性提炼法，如表 2-3 所示。

表 2-3 商品属性提炼法

属性	说明	举例
价值属性	商品的使用价值，是商品本身具有的能够满足用户需求的属性	
形式属性	能够展现商品品质的属性，包括质量、外形、手感、体积、包装等	
期望属性	能够满足用户期望的一系列特点，如洗衣机具有洗涤、脱水等功能，除此之外有些用户还期望其具备烘干、消毒等功能	
延伸属性	商品的附加值，如品牌、荣誉、服务、承诺等	

请同学们使用以上方法引入不同产品举例说明。

活动 2.1.2 组合与更新直播商品

任务总领

直播商品组合是一种营销策略，它将几种相关的商品组合到一起进行直播销售。这种组合通常由同一品牌或者相关领域的产品组成，目的是让消费者能够一次性购买多个商品，从而提高销售量。

在直播过程中，主播会详细讲解每种商品的特点和优势，引导消费者了解并购买整个商品组合。这种策略具有方便快捷、多样化等特点，往往能够吸引更多消费者的注意力，提高购买意愿。

小组活动

观看头部主播的直播活动，总结出一场直播活动通常会推出多少款商品？并从多个角度找出这些商品之间的关联性。

知识链接

一、组合与配比商品

在直播电商中，组合与配比商品是提高销售转化率的关键。具体来说，可以根据商品的互补性、商品的类型、组货模式等因素，对产品进行组合与配比，形成有吸引力的销售方案，以最大限度地满足消费者的需求和偏好。商品组合与配比的策略包括以下几个方面。

1. 推出互补商品

互补商品是指两种商品之间存在着某种消费依存关系，即一种商品的消费必须与另一种商品的消费相配套。选择互补的商品可以更好地满足消费者的需求，提高购买转化率。例如，在销售服装时，可以搭配相应的配饰、鞋子等商品。

2. 优化商品类型

我们将直播间的商品分为秒杀款、爆款、利润款和话题款四种类型，并依次上架。这四种类型的商品具有不同的作用和特点。

秒杀款：也称引流款，目的是炒热直播间，积累人气，提升粉丝留存率。这种商品价格极低，甚至可能亏本销售，目的是通过超低价格引发消费者抢购，提高直播间的曝光度和关注度。秒杀款商品数量一般占商品总量的5%。

爆款：具有一定市场需求，价格适中、性价比高、品质优良的商品。爆款可以满足大众消费的需求，销量较高，能够为直播间带来稳定的销售额。爆款商品数量一般占商品总量的5%~15%。

利润款：能够为直播间带来较高利润的商品，通常品质较高，价格也相对较高。通过销售利润款商品，直播间可以获得可观的利润，提高盈利能力，商品数量不限。

话题款：具有话题性和热点性的商品，可能不是直播间的常规商品，但能够引发消费者关注和讨论。通过销售话题款商品，直播间可以提高曝光度和知名度，提高用户黏性和忠诚度。

3. 选择组货模式

一般而言，有五种组货策略，分别是单一款式组货、垂直品类组货、多品类组货、品牌专场组货以及平台专场组货。

单一款式组货：全部为同一品类产品，SKU(Stock Keeping Unit，库存量单位)数量常见情况为1~5款，主推其中1~2款产品。这样的组货方式成本低，操作简单，有利于打造爆款，提高整体GMV。然而，它的受众过于单一，转化成本较高，通常对广告流量依赖度高。

垂直品类组货：全部为同一品类产品或相关产品，比如全部为美妆或食品。垂直品类直播间SKU数量一般在30款以上，且定期更新。有利于吸引同一类人群从而提高转化率，直播爆发潜力大。然而，货品垂直粉丝也趋于垂直兴趣，不利于拓展直播品类。

多品类组货：通常包含了5个及以上的产品品类，其中食品、美妆、家居、珠宝、服饰最常见，SKU数量通常为30~80款。商家在做直播带货时，可根据不同的价位层次来进行货品选择，同时结合多品类的组合来达到GMV爆发和单量爆发的目标。这种方式品类多样，受众范围广，引流操作简单且粉丝在直播间停留时间长。然而，直播时容易被粉丝多样化需求带偏节奏，影响直播效果，对主播和场控能力要求较高。

品牌专场组货：全部为同一品牌或衍生品牌产品，一般品牌专场 SKU 数量在 20～50 款。商家在做直播带货时可选择低客单价的商品进行直播，同时搭配部分高客单价的商品来满足少数粉丝的需求。以这种方式与品牌官方合作提供了正品背书，同时作为专场合作可以拿到更大优惠，利于直播间提高转化率。然而，单一品牌组货难度较大，品牌专场直播数据一般都不及日常直播。

平台专场组货：平台专场组货和多品类组货类似，只是货品来源一般不同，平台专场组货的产品，一般由某大型平台商家或大型供应链商家单独提供。其 SKU 数量一般为 30～80 款。大型平台、供应链带来的货品资源更加优质，能加大优惠力度，加之平台强烈的正品背书，能大大提高观众的购买意愿。然而，平台专场组货成本较高，直播优惠力度有限，容易被竞争对手定向打压。

二、预留返场与更新商品

在直播带货中，预留返场与更新商品是非常重要的策略，有助于提高销售效果和转化率。

预留返场是指在直播过程中，对于一些热销或受欢迎的商品，主播可以预留一部分，在直播结束后的某个时间点再次进行销售。这种方式可以满足那些错过直播或者想要再次购买的消费者的需求，提高销售额。同时，主播也可以通过返场销售，进一步增强与消费者的互动和信任，提高用户黏性和忠诚度。

更新商品则是指主播需要不断更新和替换直播中的商品，以保持新鲜感和吸引力。长时间直播介绍或者销售一种商品容易导致观众疲劳，降低购买意愿。因此，主播需要定期更新商品，选择不同类型、品牌、价格的商品进行销售，以满足不同消费者的需求。同时，更新商品也有助于提高消费者对直播的关注度和期待感，增加流量和互动。

在实施预留返场与更新商品策略时，主播需要注意以下几点：

（1）了解消费者的需求和喜好，选择合适的商品进行销售。主播需要关注市场趋势和消费者反馈，以便更好地满足他们的需求。

（2）合理规划直播时间和频率，确保有足够的时间进行返场销售和商品更新。同时，也需要考虑消费者的观看习惯和作息时间，以提高观看率和互动率。

（3）加强与供应商的合作与沟通，确保商品的供应和质量能够得到保障。稳定可靠的供应链是实现预留返场与更新商品策略的关键因素之一。

（4）不断优化和调整商品组合与配比方案，以适应市场的变化和消费者的需求变化。主播需要根据市场情况和竞争环境，制定合理的价格策略和促销活动，以引导消费者的购买决策。

（5）提高主播的直播技巧和服务质量，提高消费者的信任和忠诚度。主播需要具备良好的沟通能力、产品知识和服务态度，以便更好地与消费者进行互动，建立信任关系。

总之，预留返场与更新商品是直播带货中重要的策略之一。通过合理的商品组合与配比，主播可以提高销售效果和转化率，吸引更多的消费者并满足他们的需求。同时，主播也需要不断优化和调整策略，以适应市场的变化和消费者的需求变化。

【思考与探究】

请同学们再举出 5 组互补商品的例子。在直播带货过程中，所售商品越多越好吗？

活动指导

直播选品员小新在工作中遇到了一个问题：既然是直播带货，那我们的“货”从何而来呢？这时直播运营经理小王指导小新总结对比电商直播的货品来源，以便找到适合自身的货品来源。货品来源渠道对比如表 2-4 所示。

表 2-4　货品来源渠道对比

来源	特点	优势	劣势
电商平台			
合作供应商			
自营品牌			

素养小贴士

直播运营经理小王：经过这一系列的学习，我们直播团队在直播选品工作上终于找到了合适的方法。大家要牢牢记住一个词语——诚信，在选择商品时要从正规渠道选择质量可靠的产品，千万不要欺骗消费者呀！

直播选品员小新：是的呢，我们不仅要把社会主义核心价值观中的“诚信”落到实处，还可以结合乡村振兴，选择那些绿色环保、符合时代潮流和社会需求的商品。同时，要注重产品的质量和信誉度，确保推荐给观众的商品是值得信赖的。

【任务评价与反思】

根据考核内容，学生完成自我小结并进行自评打分。教师根据学生活动情况进行点评并完成教师打分。按照“自评分 20%+互评分 30%+专业教师评分 50%”的方式计算得分，填写表 2-5。

表 2-5　任务综合评价表

班级：　　　　　　　　　　　　　　姓名：

项目二：任务一　直播选品							
序号	评价项目	测评标准	分值	自评 20%	互评 30%	教师 50%	得分
1	选择直播商品	能根据直播间定位，利用相关数据平台进行数据分析，最终选择合适的商品	50				
2	组合与更新直播商品	能根据营销策略以及直播过程中的实际情况对商品组合进行搭配与更新	50				
合计			100				

任务二　直播创建

任务目标

知识目标：1. 明确创建直播间需要配备的软硬件设备。
2. 阐述搭建直播间的技巧。
3. 掌握直播平台相关规则。

技能目标：1. 能根据要求创建直播间。
2. 能根据不同直播间的风格，布置直播场景。
3. 能在直播间按照要求发布相关商品。

素养目标：1. 加强学生规则意识，培养学生遵纪守法的职业素养。
2. 提升学生审美能力，培养学生审美情趣。

任务描述

直播运营经理小王：小文，我们的前期工作已经完成，接下来要尽快推出我们的直播活动。

直播投手小文：好的，王经理，接下来我会根据预算采购相关直播设备，搭建一个功能完善、内容丰富、吸引流量的直播间。

直播运营经理小王：很好，一个好的直播间对提升观众体验、增强品牌形象、促进产品销售以及扩大影响力等方面都具有重要意义。一定要全方位考虑，把相关软硬件购置齐全，并根据我们室内的布局搭建一个舒适、有品位、主题明确的直播间。

直播投手小文：好的，我会尽快去办，争取早日完成这项工作。

直播运营经理小王：小文，要运营好我们博文创科技有限公司的抖音账号，前期先通过发布一些优质作品积累一些粉丝。

直播投手小文：好的，我会根据平台要求和规则开通我们的直播间，为直播带货做好准备。

直播运营经理小王：非常好，我相信经过我们整个团队的精诚合作，我们的直播间一定会人气爆棚的。

任务分析

直播间的搭建是为了构建良好的直播场景，为直播电商营造舒适的氛围。直播电商除了要有优质的“人”与“货”，对“场地”(直播场景)也有很高的要求，一个明亮整洁、画面清晰、富有美感的直播间能取得良好的直播效果。对直播平台相关要求和规则的掌握直接影响直播运营的进程。因此，直播投手小文一方面需要熟练掌握直播间搭建的要求，另一方面他还需深入研究抖音平台的操作技巧和相关规则。任务详情见表 2-6。

表 2-6　任务单

任务	直播创建	
子任务	搭建直播间	开通直播间
活动形式	3~4 人小组	3~4 人小组
活动要求	通过学习，了解搭建直播间需要的软硬件设施，掌握搭建直播间的技巧以及直播间画面的板块划分与设置	通过学习，进行直播平台账号注册，完成入驻；熟练掌握直播平台相关的运营规则，能顺利发布直播商品
岗位标准	能连接硬件设备，下载安装直播软件，下载安装视频平台软件；能根据直播计划选择道具、场地，提出断网、断电等简单故障解决方法；能根据脚本使用手机软件拍摄产品，在拍摄过程中呈现产品的特征	能发布产品图文信息预告，能收集相关网络舆情风险信息，能利用平台规则保证直播活动顺利、流畅进行，能按照直播计划发布直播商品
活动编号	活动 2. 2. 1	活动 2. 2. 2

任务实施

活动 2.2.1　搭建直播间

任务总领

直播活动的开展需要直播设备的支持，直播设备的性能直接影响直播效果。而直播设备的购置会受到预算、成本、企业目标、直播场地等因素的影响。通常而言，直播活动可以分为室内直播和室外直播，这两种场景需要的直播设备也是不同的。

小组活动

通过小组合作进行头脑风暴，常见的室外直播间场地有哪些？与室内直播间相比，室外直播间有哪些优势与劣势？

素养小贴士

直播运营经理小王：小文，在乡村振兴相关政策的支持下，我们国家的农产品种类越来越丰富了，我们可以开设一些室外直播呀。

直播投手小文：王经理的这一想法实在是妙啊，我们可以深入田间地头、蔬果种植园、茶园等农产品的产地开展沉浸式的直播活动呀！

直播运营经理小王：小文，要注意，在室外直播时不能破坏或干扰公共秩序，不能破坏环境，要服从相关管理。

直播投手小文：好的，王经理。

知识链接

一、直播间的设备清单

直播间的搭建和直播场景的布置离不开相关设备，而市场上与直播有关的设备种类众多，想要高效、经济、准确、完整地配齐直播设备需要从多个方面进行综合考虑。下面将介绍直播间常用的几类设备。

1. 拍摄设备

包括计算机、手机、相机、直播专用摄像机等，用于采集视频信号，保证直播画面的清晰度和质量。

2. 收音设备

由于普通计算机和手机的拾音范围、灵敏度、音质效果不理想，会产生延迟，因此需要使用专业的麦克风、声卡等，用于采集音频信号，保证音质清晰，减少杂音和回音。

3. 补光设备

在直播过程中，灯光的布置至关重要，主播形象、产品外观、背景布置等都需通过光源进行展示。常见的补光设备有美颜灯、球形灯、环形灯、RGB 氛围灯等，用于提供合适的光线，使直播间更加明亮自然，提高人物主体以及画质的清晰度，营造多种场景氛围。

4. 直播支架

为手机、相机等设备提供支撑，固定摄像头，防止晃动。并可调节至不同方位，便于捕捉镜头、应对各种复杂的拍摄场景。

5. 显示设备

在直播过程中，为方便主播找准画面、使其语言表达流畅以及与观众进行互动，直播间一般会配备提词器、监视器、显示屏等设备来协助主播进行直播。

6. 其他设备

如拍摄稳定器，可保障更好的运镜效果，保持直播画面的稳定；背景板与道具，包括背景布、KT 板等，用于布置直播背景，突出主题，营造氛围。

二、直播间的搭建技巧

在配齐了相关的直播设备后，通过掌握一定的技巧可以使直播间的搭建更加顺利。

1. 场地选择与布置

选择一个适当大小的场地，根据直播内容和形式进行合理布置。一般来说，个人直播间可控制在 8~15 平方米，而多人团队配合型直播间多控制在 20~40 平方米。同时需注意场地的隔音和回声情况，可以采用加装隔音棉、加固木板等方式解决。

2. 背景设计

背景是直播间的重要组成部分，建议以浅色、纯色背景墙为主，打造简洁、明亮的基础风格。例如，灰色是摄像头最适合的背景色，不会曝光，视觉舒适。

3. 灯光配置

灯光是打造直播间的重要因素，可根据情况配置主光源、侧光源、逆光源和顶光源，以提供足够的照明。注意灯光冷暖色调的选择，根据不同的直播内容选择合适的灯光色调。例如，服装鞋帽或彩妆护肤品类直播间，建议选用冷色系的白光；美食家居类直播间，建议选择暖色调的黄光。

4. 设备选择与配置

根据直播需求选择合适的设备，如手机、摄像头、麦克风、计算机等。要确保设备的质量和稳定性，以满足直播需求。此外，还需要准备各种辅助工具，如展示板、小黑板等。

5. 环境卫生与布置

保持直播间的环境卫生，各种物品摆放有序。根据直播内容和形式，可以适当布置一些装饰物或道具，以增强直播间的氛围。

6. 网络连接

网络连接的稳定性和速度对于直播效果至关重要。需要测试网络连接速度和稳定性，以确保直播过程中不会出现卡顿或掉线的情况。

7. 互动与参与

在直播过程中，主播需要与观众进行互动，引导观众参与讨论或活动。这可以提高观众的参与度和黏性，增加直播间的流量。可以设置一些互动环节或活动，如抽奖、问答等。

8. 数据分析与调整

在直播结束后，需要分析数据，了解观众的行为和喜好。根据数据分析结果，可以进一步优化直播内容和形式。例如，可以调整灯光、设备或布局等。

9. 遵守法律法规

在直播过程中，需要遵守法律法规和平台规定，不得传播不良内容或涉及敏感话题。同时，也要尊重他人的知识产权和隐私权。

10. 持续改进

每次直播后收集反馈信息，分析问题并进行改进。关注行业动态和技术发展，不断更新和完善直播间的设备和布局。

三、直播间画面的板块划分与设置技巧

直播间画面是指在网络直播中，观众通过设备(如手机、电脑等)所看到的实时视频画面。一般而言，我们可以将直播间画面划分为主推区、产品区、道具区三个板块。

1. 主推区

该区域是直播间的核心区域，主播会在这里介绍和展示产品。这个区域的主要作用是突出主播讲解及展示的产品，吸引观众的注意力。

2. 产品区

该区域主要用来陈列其他商品，主播在介绍主推商品时，可以通过货架陈列等方式向

用户展示其他产品。这种方式不仅能延长用户在直播间的停留时间，还能为直播间营造良好的氛围，提高用户对直播间的信任度。

3. 道具区

该区域主要用于提高用户对品牌的信任度、告知福利活动或者突出那些需要用户知道的信息。例如，运费险、信任背书、直播间里的活动形式等。这些道具可以是实物道具，如 KT 板、小黑板等，也可以是虚拟道具，如直播贴片。还可以向用户演示关注、购买等的操作流程。

活动指导

搭建室内直播间时需要提前规划好各个区域，以便于直播活动顺利、流畅地进行。一般可将直播间的布局分为直播区(A)、商品摆放区(B)、后台区(C)、其他区域(D)。请同学们在图 2-2 中将编号填入对应的直播区域(规划合理即可)。

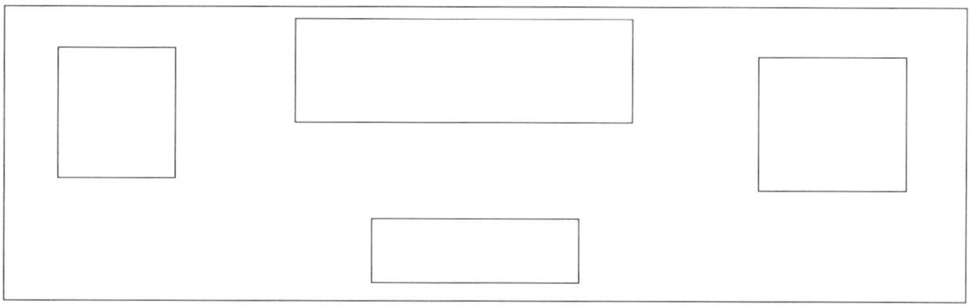

图 2-2　直播间场地区域规划示意图

活动 2.2.2　开通直播间

任务总领

开通直播间是指在特定的直播平台上，通过完成一系列的注册、认证和设置流程，获得在该平台上进行实时视频直播的权限和能力。开通直播间后，主播可以在指定的时间段内，通过直播平台向观众实时传输视频、音频、文字等信息，与观众进行互动交流，分享知识、技能、生活点滴或进行商品销售。直播间的开通不仅为个人提供了展示自我、积累粉丝、实现变现的渠道，也为企业和机构提供了品牌宣传、产品推广、客户服务的新方式。随着直播行业的快速发展，越来越多的个人和组织开始重视直播间的开通与运营，以期在竞争激烈的市场中脱颖而出。

小组活动

各小组通过网络查询，对比淘宝、拼多多、京东、抖音、快手等主流电商平台在开通直播间的流程和要求方面有哪些异同？

素养小贴士

在相关平台开通直播功能时要仔细阅读平台的直播规则和指南，了解直播间的相关限制和要求，避免违规操作。

知识链接

直播投手小文在完成了前期一系列的准备工作后，直播运营经理小王让他在抖音平台开通直播基础功能，这样既可以熟悉直播电商的运营流程，又可以辅助公司开展直播。直播投手小文了解到，在抖音平台开通直播间进行直播带货，需要满足一定的条件、按照一系列操作步骤并掌握平台相应的规则。

一、开通抖音平台电商带货基础功能

1. 注册抖音账号

在手机上下载并安装抖音 App 后，可以通过手机号码进行验证、登录，最终完成账号注册。

2. 开通直播功能

抖音账号注册成功后，还需要进行实名认证，才可以开通直播功能进行直播，具体操作如下。

步骤 1：打开抖音 App，点击“我”按钮，然后点击右上方的“菜单”按钮，选择侧边栏的“设置”选项，如图 2-3 所示。

步骤 2：打开“设置”界面，点击“账号与安全”选项，如图 2-4 所示。

步骤 3：打开“账号与安全”界面，点击“实名认证”选项，如图 2-5 所示。

步骤 4：打开“实名认证”界面，输入真实姓名和身份证号码，勾选“已阅读并同意……”选项，点击“同意协议并认证”按钮，如图 2-6 所示。

步骤 5：在抖音 App 主界面点击拍摄按钮“+”，如图 2-7 所示。

步骤 6：在打开的界面下方点击“开直播”选项，可直接进入“开直播”界面，点击“开始视频直播”按钮，即可进入直播间开始直播，如图 2-8 所示。

3. 开通直播带货权限

为抖音账号实名认证并开通直播功能后，就可以进行日常直播了。前期可通过才艺展示、知识分享、搞笑视频等方式吸引用户关注，积累粉丝。如果想要利用抖音直播销售商品，还需要开通直播带货权限，具体操作如下。

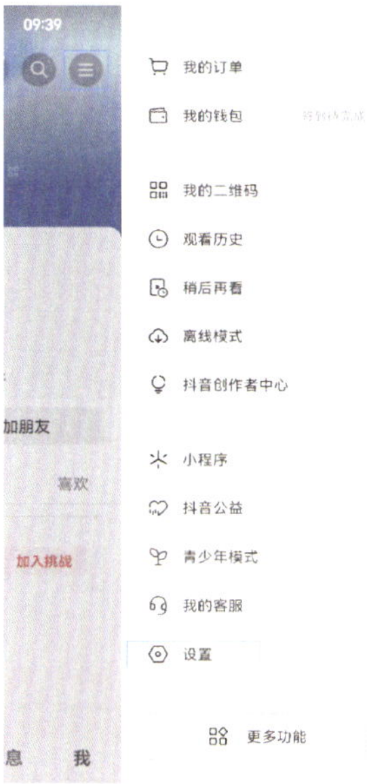

图 2-3 “菜单”界面

图 2-4 “设置”界面

图 2-5 “账号与安全”界面

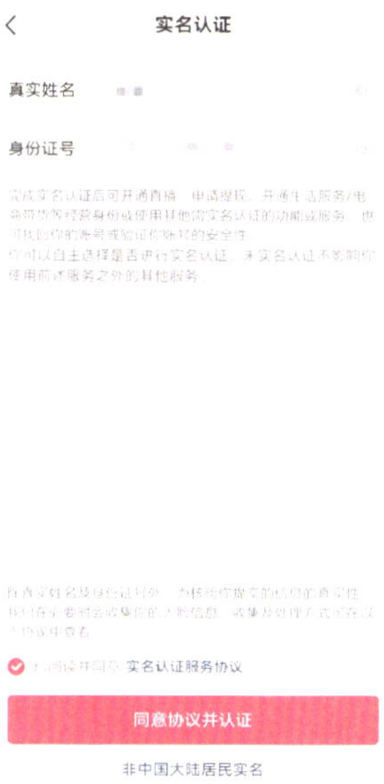

图 2-6 “实名认证”界面

图 2-7 主界面

图 2-8 “开直播”界面

步骤 1：打开抖音 App，点击“我”按钮，然后点击右上角的“菜单”按钮，选择侧边栏的“抖音创作者中心”选项，如图 2-9 所示。

步骤 2：进入“抖音创作者中心”界面后，点击“全部”按钮，如图 2-10 所示。

步骤 3：打开“工具服务”界面，点击“电商带货”按钮，如图 2-11 所示。

步骤 4：打开“抖音账号授权”界面，勾选“已阅读并同意……”，然后点击“同意授权”

按钮，如图 2-12 所示。

步骤 5：进入“商品橱窗”界面，根据自身情况选择“带货资质”类型，如图 2-13 所示。

步骤 6：选择“个人”，点击“填写带货资质”后，进入“立即加入电商带货”界面，按照要求输入个人信息，点击“提交审核”按钮，如图 2-14 所示。

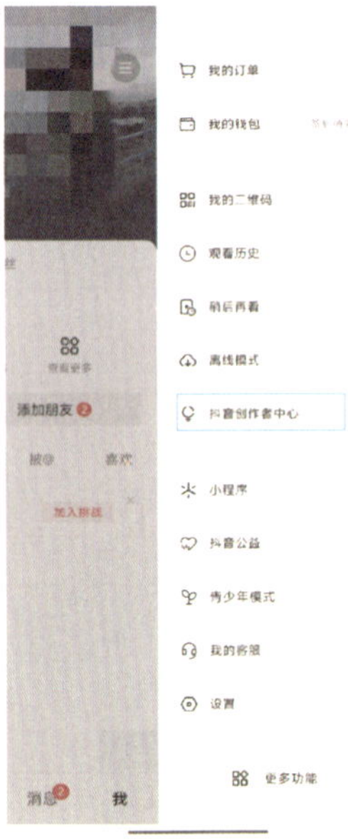

图 2-9 “菜单”界面

图 2-10 “抖音创作者中心”界面

图 2-11 “工具服务”界面

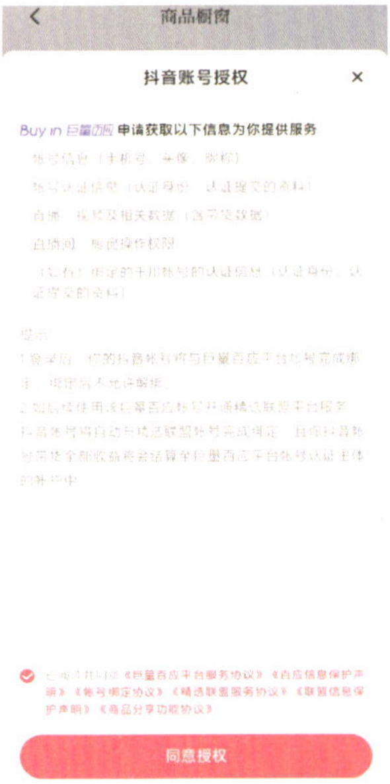

图 2-12 “抖音账号授权”界面

图 2-13 “商品橱窗”界面

图 2-14 “立即加入电商带货”界面

步骤 7：在弹出的对话框中点击“确认”按钮，如图 2-15 所示。

步骤 8：进入“填写账户信息”界面，完善“收款账户”相关信息，如图 2-16 所示。然后提交审核，系统审核通过后，即可成功开通直播带货权限。此时，抖音个人主页将显示“电商带货”按钮，如图 2-17 所示。点击该按钮，打开“电商带货”界面，如图 2-18 所示，就可以根据需要进行电商带货了。

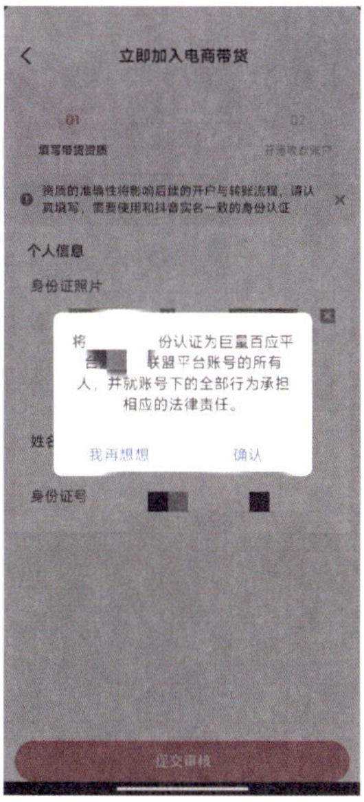

图 2-15 “确认”界面

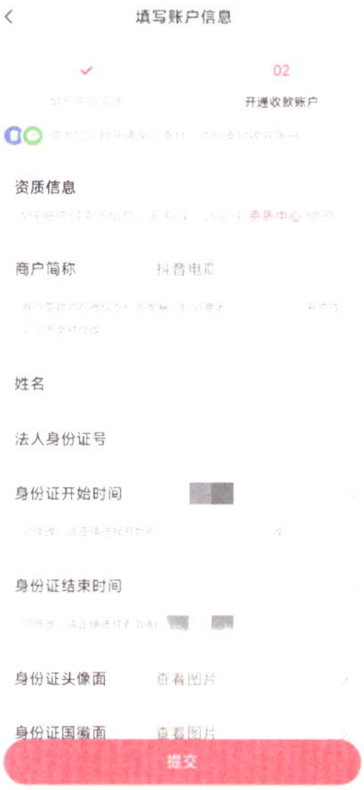

图 2-16 “填写账户信息”界面

图 2-17 “个人主页”界面

小提示：如果想要开通直播带货权限，抖音平台要求主播账号粉丝数量≥1000，如图 2-19 所示。对于新注册的账号来说，我们需要通过日常直播和发布优质内容来吸引用户关注，从而达到积累粉丝的目的。

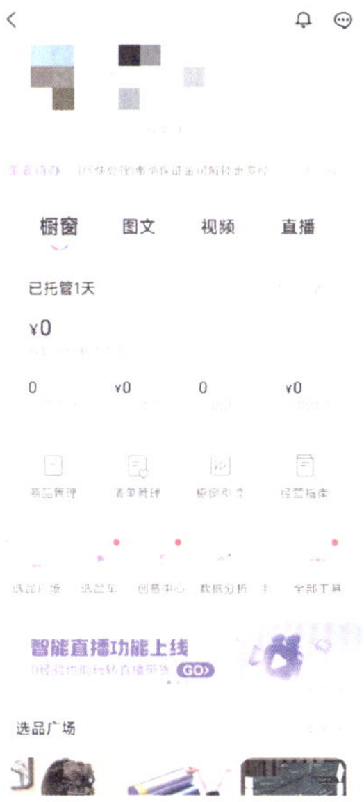

图 2-18 “电商带货”界面

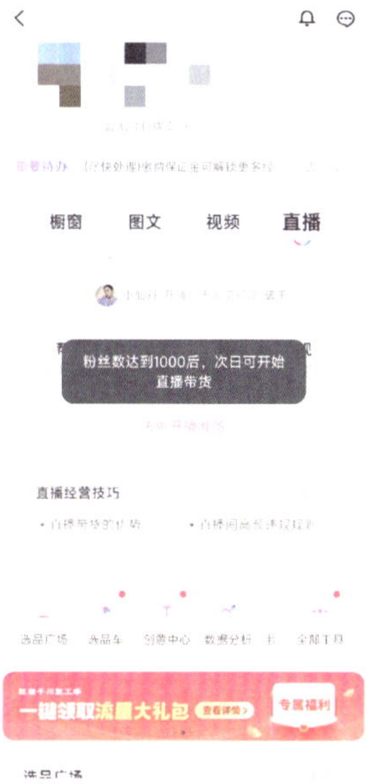

图 2-19 “直播带货”界面

素养小贴士

直播运营经理小王：小文，直播带货不同于线下销售产品，一定要对主播进行培训。

直播投手小文：好的，王经理，我们会对主播的语言表达进行规范，要求主播在直播过程中确保直播的内容符合抖音平台的规定和要求，避免涉及违规或敏感内容。同时要与观众保持良好的互动，回答他们的问题，提供有价值的信息和娱乐。

直播运营经理小王：很好，同时要保证在直播带货时，确保我们团队的工作人员充分了解并遵守相关的法律法规，特别是关于商品销售、消费者权益保护等方面的规定。

直播投手小文：好的，谢谢王经理的提醒，我们会努力打造一个健康、有序、绿色的直播间，促进我们的网络环境高质量发展。

二、掌握抖音平台规则

抖音“规则中心”包括“平台规则”“更多规则中心”以及“平台公告”三个板块，这三个板块详细罗列了抖音平台各个方面的相关规则。直播投手小文认为，要想通过抖音平台直播销售商品，需要全面了解“更多规则中心”板块中的“直播规则”和“电商规则”。

1. 直播规则

进入抖音“规则中心”，在“更多规则中心”板块点击“直播规则”按钮，即可进入“直播规则学堂”界面查看直播相关规则。直播规则学堂包括“我的学习”“课程学习”“规则速递”“社区公告”4 个板块。其中，“规则速递”板块中《直播行为规范》的内容需要重点掌握。

在“课程学习”板块中，抖音平台将直播规则通过视频的形式进行了讲解，如图 2-20 所示，主播可根据需要进行学习。《直播行为规范》详细介绍了三个级别的违规行为及相应的处罚措施，如图 2-21 和图 2-22 所示。

2. 电商规则

进入抖音“规则中心”，在“更多规则中心”板块点击“电商规则”按钮，即可查看各类规则，如图 2-23 所示。点击“直播规范”按钮，可以查看各个行业的直播规范，如图 2-24 所示。

活动指导

直播投手小文为了分析各因素对直播效果的影响程度，决定进入其他主播直播间观看 60 分钟直播，然后根据表 2-7 罗列的影响因素来进行分析，最终根据个人看法得出各因素权重占比，为今后自己运营直播带货提供了一些有借鉴意义的经验。直播效果可以从该场直播的观看人数及其变化情况、用户针对商品的问询情况、用户针对互动活动的问询情况、用户下单量等方面衡量。

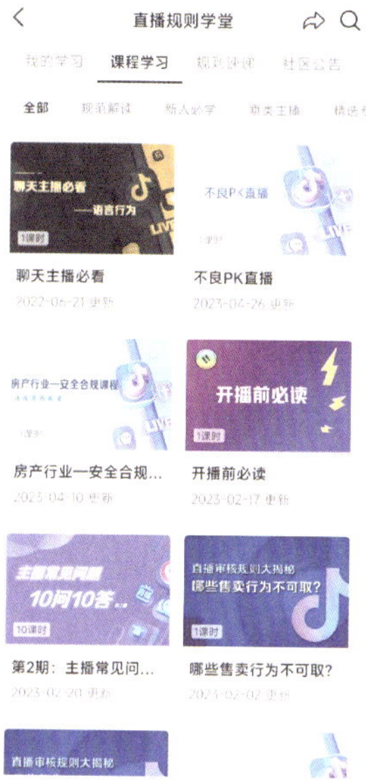

图 2-20 “课程学习”板块

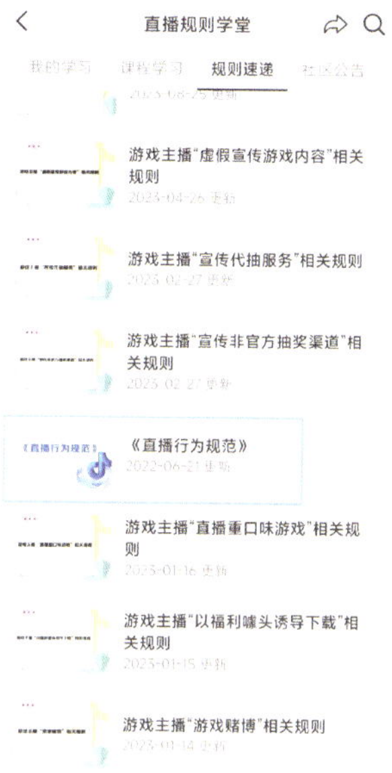

图 2-21 “规则速递”板块

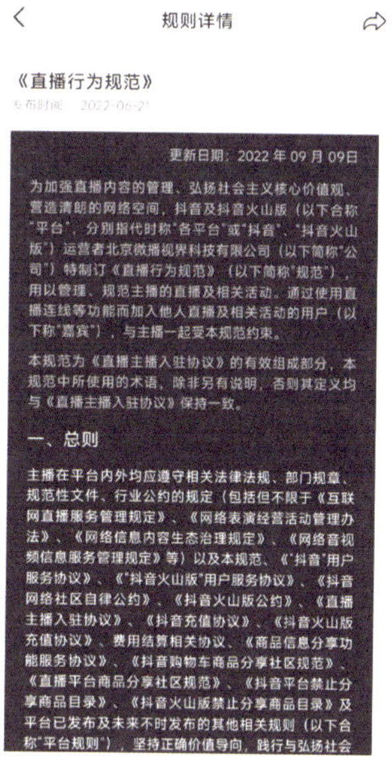

图 2-22 《直播行为规范》规则详情

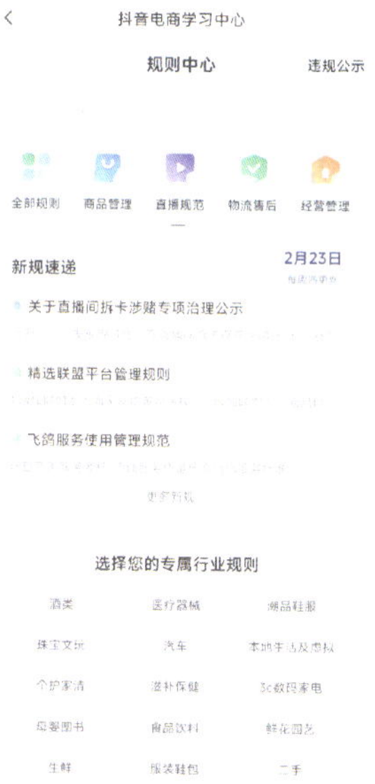

图 2-23 “规则中心”界面

图 2-24 “直播规范”界面

表 2-7　各因素对直播效果的影响程度

序号	影响因素	情况表述	因素权重
1	主播个人形象对直播效果的影响		
2	主播语言表达对直播效果的影响		
3	直播间所售商品对直播效果的影响		
4	直播间互动活动对直播效果的影响		
5	商品价格对直播效果的影响		
6	商品质量对直播效果的影响		

三、发布直播商品

在抖音平台发布直播商品时，可以按照以下步骤进行：

1. 选择合适的商品

根据前期已经选择的直播商品以及直播计划，确定本期要直播销售的商品。

2. 掌握商品信息

掌握好商品的详细信息，包括产地、名称、价格、特点、规格、使用方法等，确保商品信息清晰明了。

3. 制作宣传素材

制作吸引人的宣传素材，如商品图片、视频介绍、特价促销活动等，提前准备好，以便在直播中使用。

4. 设置直播间

进入抖音直播间，设置直播标题、封面图等信息，选择合适的标签和分类，吸引目标观众。

5. 准备直播内容

在直播开始前，准备好直播内容，包括商品介绍、使用演示、解答观众问题等，确保直播流畅、有趣。

6. 与观众互动

在直播过程中与观众进行互动，回答他们的问题，提供专业建议，增强观众的购买欲望。

7. 推广促销活动

在直播中进行促销活动，如限时折扣、满立减、赠送优惠券、赠送物品等，吸引观众参与购买。

8. 处理订单

在直播过程中及时处理观众的订单，提供多种支付方式，并确保订单信息的准确性和安全性。

9. 关注观众反馈

关注观众的反馈和评价，及时调整直播策略，提升直播效果和用户满意度。

10. 完善售后服务

提供完善的售后服务，包括商品售后保障、退换货政策等，提升客户满意度。

【任务评价与反思】

根据考核内容，学生完成自我小结并进行自评打分。教师根据学生活动情况进行点评并完成教师打分。按照“自评分 20%+互评分 30%+专业教师评分 50%”的方式计算得分，填写表 2-8。

表 2-8　任务综合评价表

班级：　　　　　　　　　　　　姓名：

项目二：任务二　直播创建							
序号	评价项目	测评标准	分值	自评 20%	互评 30%	教师 50%	得分
1	搭建直播间	能根据要求购置合适的软硬件设备，掌握直播间搭建的技巧，优化直播间画面的板块划分	50				
2	开通直播间	熟悉直播平台的相关规则，能按照流程顺利开通直播间，能正常发布直播商品	50				
合计			100				

项目三

直播活动策划

【项目概述】

直播运营经理小王：直播活动的流程可以大致分为三个阶段，即直播活动策划阶段、直播活动执行阶段和直播活动复盘阶段。

直播编导小赵：好的，王经理，那我们接下来应该进入直播活动策划阶段了吧？

直播运营经理小王：是的。直播活动策划作为直播活动流程的首个环节，将直接影响整场直播活动的执行效果。未提前做好策划的直播活动，往往难以取得良好的直播效果。在直播活动策划阶段，直播活动方案制定和直播脚本策划是非常关键的两项工作。公司计划于 2024 年 5 月 1 日 20：00—22：00 在抖音为 A 公司开展一次时长为 2 小时的五一文旅产品直播活动。

直播编导小赵：好的，王经理。那我这几天就着手准备该场直播的策划。

【项目分析】

本项目分为三个任务，任务一：直播方案制定，包括直播活动定位及基本信息，制定直播活动方案；任务二：直播脚本策划，包括撰写直播脚本和准备直播话术；任务三：直播风险预案制定，包括直播风险防范要点，直播风险应对措施(详情可见图 3-1)。

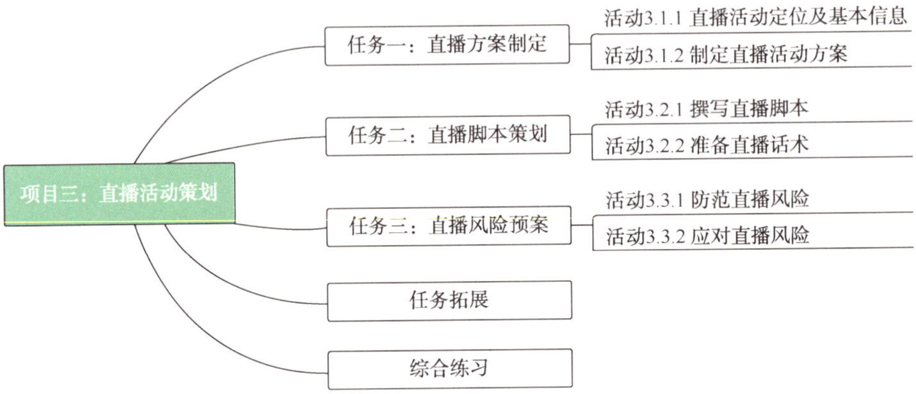

图 3-1　项目三思维导图

任务一　直播方案制定

任务目标

知识目标：1. 能够明确直播定位、直播活动基本信息。
　　　　　2. 知道设计直播商品营销的三种方式。
技能目标：1. 通过掌握活动的基本信息，会进行直播定位。
　　　　　2. 能够灵活运用所学知识设计直播商品营销活动。
素质目标：1. 直播从业者应不断提升自我职业素养。
　　　　　2. 培养良好的心理素质，能够应对职业压力或工作压力。

任务描述

直播运营经理小王：小赵，A 公司将通过此次直播销售 12 款一体型和 IP 衍生型热销文旅产品，所有产品将以低于 7.8 折的折扣价格进行销售，A 公司预计通过此次直播实现 10 万元的销售额目标。

直播编导小赵：好的，王经理。我这几天就着手为 A 公司文创产品制定直播活动方案、直播脚本和预案。

直播运营经理小王：你先制定直播活动方案。工作中要注意主播直播流程的规范，直播节奏的把控，以期达到预想的直播效果。在 A 公司文创产品的选品上，可以借助蝉妈妈工具，找到相对高转化率、低竞争度的产品。

小赵先与小王商议了 A 公司的直播营销活动方案制定工作，然后在小王的指导下开始投入具体工作中。

任务分析

任务详情见表 3-1。

表 3-1 任务单

任务	直播方案制定	
子任务	明确直播活动定位及基本信息	制定直播活动方案
活动形式	5 人小组	5 人小组
活动要求	通过学习，描述直播活动的基本信息，设置直播活动的目标定位、用户定位和风格定位	通过学习，完成直播活动人员分工和设置直播商品营销方式的活动任务
岗位标准	能根据直播活动进行直播目标定位、用户定位和风格定位，能明确直播活动的主题、直播平台、直播时间与时长等基本信息	能根据直播脚本，提炼暖场解说要素，设计富有感染力的暖场话术，并营造话术氛围，实施直播暖场
活动编号	活动 3.1.1	活动 3.1.2

任务实施

活动 3.1.1　直播活动定位及基本信息

任务总领

直播团队在制定直播活动方案时，需要考量直播团队自身、用户、平台、商品等多方因素。直播团队只有结合多方因素进行综合决策和落实，才能制定合理、完善的直播活动方案。

小组活动

1. 明确直播活动定位

A 公司文创品牌创立于 2022 年 6 月，已有两年时间，其某猫旗舰店的粉丝为 4 万，属于刚成立不久且知名度中等的品牌。2024 年 6 月，A 公司文创品牌在某音开通了官方旗舰店账号，现在某音平台上有 8 万粉丝，知名度也一般。同年 10 月，A 公司文创品牌某音官方旗舰店推出新品，希望借助直播提高品牌曝光度并促进文创产品的销售。

根据 A 公司文创品牌的背景和直播目的，填写表 3-2，明确直播各个方面的定位，展开直播带货活动的第一步。

表 3-2　A 公司直播活动的定位

A 公司直播活动的定位
目标定位 拉新： 促活： 转化：
用户定位 { 性别： 年龄： 地域： 兴趣：
风格定位 { 主播定位： 直播间定位： 活动主题： 目标用户画像：

2. 明确直播活动基本信息

明确定位之后，需要对直播活动基本信息进行整体描述，才能确保直播团队后续分工，促进工作效率提升。因此就需要根据直播活动的系列关键词，确定直播主题、直播平台、直播时间与时长。如表 3-3 所示。

表 3-3　A 公司直播活动基本信息

A 公司直播活动基本信息
直播主题：
直播平台：
直播时间与时长：

知识链接

一、明确直播活动定位

明确直播活动定位是制定直播活动方案的第一步，直播活动定位具体包含以下几个方面的内容。

1. 目标定位

直播团队的所有直播运营动作均需要指向直播活动的目标。直播活动的常见目标有四个——拉新、促活、转化、传播，四个目标环环相扣，密不可分。一场直播活动往往可以设置多个直播目标，但直播团队必须以其中的某一个目标为主、其他目标为辅，不可贪多贪全，平白增加直播活动的执行难度。

2. 用户定位

直播是一种可以与用户进行实时、高效互动的传播形式。只有明确目标用户的特点，直播团队才能更好地发挥直播的特性，精准地获取、转化和留住目标用户。

目标用户画像分析见图 3-2，直播团队可以从表 3-4 所示的几个维度描绘目标用户画像。

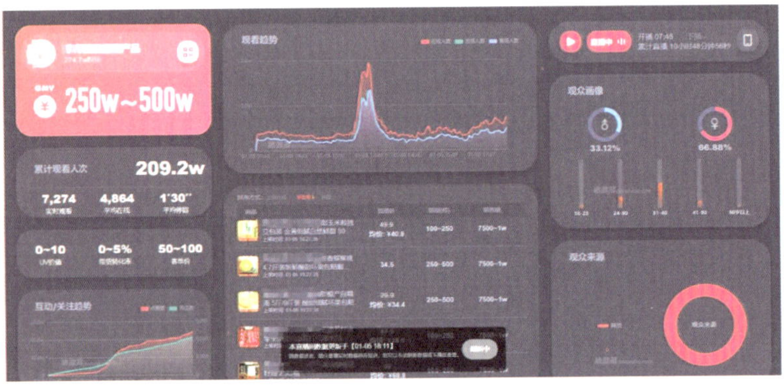

图 3-2　目标用户画像

表 3-4　描绘目标用户画像的维度

序号	维度	具体内容
1	性别	描绘目标用户画像的基础维度，女性用户与男性用户对许多事物的偏好存在差异。女性用户通常对化妆品、母婴用品、亲子家教图书等品类关注度更高，男性用户通常对车、表、数码产品、家电等品类关注度更高
2	年龄	不同年龄段用户的生活状态、关注话题、沟通方式也有着较大差别。直播团队不宜将直播间定位为“老少皆宜”，而应有所取舍，聚焦特定群体，根据年龄的维度切分出直播间所要吸引的目标用户
3	地域	地域维度通常按一线城市、一二线城市、三四线城市或具体省份划分，不同地域用户的生活习惯、文化审美、消费习惯、消费水平各有差异
4	兴趣	实用性不再是商品价值的唯一标准，越来越多的用户将兴趣作为商品价值的评判标准之一。用户的兴趣偏好也是用户画像的重要维度

3. 风格定位

直播间的风格体现在直播间的装修、主播的服饰与妆容、直播内容、直播商品之中。影响直播活动风格的常见因素见表 3-5。

表 3-5 影响直播活动风格的常见因素

序号	常见因素	具体内容
1	主播及直播间定位	具有特定风格的主播和直播间，更容易给用户留下深刻的印象。主播及直播间的定位决定了直播间的长期风格，尤其是在垂直领域深耕和长期发展的直播团队，更应在直播团队创立之初确定直播间的长期风格
2	活动主题	具体的直播活动主题决定了直播间的短期风格。即使是垂直领域的直播间，也会因不同的直播主题适时变换直播风格
3	目标用户画像	用户的性别、年龄、地域、兴趣是影响直播风格的直接因素，在明确目标用户的属性和特征后，直播团队可据此针对性地打造直播风格

二、明确直播活动基本信息

只有明确了直播活动的基本信息，才能确保直播团队成员之间分工明确、各司其职、高效协作。直播活动的基本信息包含以下几点。

1. 直播主题

直播主题影响着直播活动的具体直播内容、玩法及商品的设计。直播主题除了写在直播活动方案中，还常体现在直播预热海报、推文封面等宣传物料上。直播主题可以结合以下几个维度进行构思。

1）直播目标

直播团队为直播活动策划新的直播目标时，可在直播主题中对新的目标加以强调，以增强用户黏性。以回馈粉丝为目标的直播活动，其主题文案中多带有“宠粉”的字样。以库存商品清仓与处理为目标的直播活动，其主题文案中可以添加“清仓大甩卖”的字样。

2）主推商品图

直播商品的新动向也可以作为直播活动主题。当直播活动中包含某款即将上市的新品时，直播团队可以将新品名称作为直播主题，整场直播以推荐新品为核心。主推商品示例见图 3-3。

3）用户兴趣点

直播团队在与用户的日常互动中，应注意收集用户感兴趣的话题。在构思直播主题时，这些话题往往可以为直播团队提供灵感。例如，某直播团队发现在过往的直播互动中，用户

图 3-3　主推产品

多次提及对时间管理类图书感兴趣，那么直播团队就可以将“时间管理”纳入直播主题的备选项，待寻到合适的时机，策划一场时间管理类图书的专场直播活动。

4）当下热点

不同的时期有着不同的社会热点，如突发事件、热门社会议题、特殊的节日及营销节点等，直播团队可以在直播主题中充分结合当下热点，以吸引更多流量。以节日热点为例，每年的春节、端午节、七夕节、中秋节等节日来临之际，不少品牌商及“达人”主播均会策划相关节日主题的直播活动。

2. 直播平台

国内的直播平台众多，既有淘宝、京东、拼多多等电商平台，也有抖音、快手、小红书等内容平台。直播团队在运营初期，可以在多个媒体平台注册账号、发布内容、积累粉丝，打造个人及团队影响力，但真正用于直播运营与营销的平台，则不宜多选。直播团队可以选定一家主用平台、一家备用平台。直播平台一经确定，便不能轻易变更，使用稳定的直播平台有助于打造主播与直播间的影响力，培养忠实粉丝。

3. 直播时间与时长

直播活动的时间与时长，并没有最佳选项。直播团队应以直播数据为依据，在不同时段直播进行测试，根据一段时间内的直播测试与分析结果来确定直播时间与时长。

1）直播时间

直播团队在确定直播活动的开播时间时，可以参考直播平台的用户习惯信息。此类信息和数据的获取渠道包括直播平台的后台、第三方数据分析与服务平台以及权威的行业报告等。

直播间开播后，主播大致需要花费半小时进行暖场。因此，建议以“生活电器”“个护健康”类目商品为主要运营目标的直播团队，将直播活动的开播时间定在 18：00—18：30 或 11：00—11：30。

2）直播时长

直播的时长直接影响直播间的权重。直播时间越长，直播间的权重越高，越有可能被系统判定为优质直播间，从而收获更多的平台曝光机会。

通常而言，一名主播能够持续保持良好直播状态的时间不会超过 4 个小时。因此，如果直播团队内只有一名主播，则直播时长应控制在 4 小时以内。如果直播团队的主播人数充足，则可以通过多名主播轮播的方式延长直播时长。

随着直播行业的竞争越来越激烈，品牌商及“达人”的直播时长也在不断延长。当前，许多品牌商的直播间，已经实现了24小时不间断直播的状态。

【思考与探究】

同学们，你们能针对四个维度举出具体实例描绘目标用户画像吗？能举例说明影响直播活动风格的三个因素吗？

____

____

____

____

____

活动指导

如何明确直播活动定位及基本信息？

根据直播公司的背景和直播目的，从明确直播目标、描述直播基本信息两个方面明确直播目标、描述直播基本信息，为直播带货的开展提供思路。

第一步：明确目标定位。

分析A公司文创品牌的具体情况，确定直播目标。

量化拉新目标。例如结合某音“DOU+直播上热门”付费推广的数据与直播产品和公司的前期引流数据，具体量化拉新目标，通过优秀主播直播引流，当每场直播观看人数提升时，每场直播新增店铺粉丝数也会提升。

量化销售数据。一般情况下，某音直播间带货转化率(这里指下单人数和直播观看人数之间的比例)低于1%是不合理的，位于1%~3%属于合格(某音直播间带货转化率的一般水平)，位于3%~5%属于良好，位于5%~20%属于较优秀，高于20%属于十分优秀。如果首次在某音平台上直播带货，带货转化率可设定在合格到良好的区间，即1%~5%。

量化转换率。可以通过直播活动中的商品点击率、用户购买率、商品销售额来进行考核。

第二步：描述直播活动基本信息。

根据直播活动的定位，确定直播主题、选择直播平台、确定直播时间与时长。

直播宣传方式：在站内平台制作文创新品展示的短视频进行宣传。在某音内付费推广，结合直播主题、利益点等内容设计海报，在某博、某信公众号、某红书等站外平台发布，引导用户准时观看直播；根据直播活动进程，持续推出相应软文，并通过某博、某信公众号、某红书等站外平台投放宣传软文。

直播互动方式：主要有定时抽奖、互动问答、派发红包。

活动 3.1.2　制定直播活动方案

任务总领

直播方案是对直播活动的整体规划，一般在直播团队内部使用，用于向参与直播的所有人员传达直播运营的思路，让参与直播的人员熟悉直播活动的具体事宜安排。对直播带货而言，有了具体的方案，一场直播活动才算正式“立项”，参与直播的各人员才能按照直播方案的内容、说明相互配合，按部就班、循序渐进地执行各项工作，最终确保直播活动顺利开展，实现预期的直播目标。

小组活动

根据 A 公司文创品牌的背景和直播目的，从进行直播人员分工、设计直播商品营销方式两个方面策划直播方案，为直播带货的开展提供思路。

1. 进行直播人员分工，明确岗位任务

根据此次直播活动的规模和需求，直播团队需要配置主播、副播、编导、运营、选品、场控、客服等岗位。填写表 3-6，进行人员分组，并确定负责人和职责划分。

表 3-6　直播团队负责人及职责

岗　位	人　员	职　责
主播		
副播		
编导		
运营		
选品		
场控		
投手		
客服		
摄影美工		

2. 设计直播商品营销方式，助力营销推广

小组合作，根据 A 公司的产品基本情况和目前 A 公司的线上营销现状，选择直播营销方式，并讲解。

在设计营销方式过程中，可以通过网络搜索优秀营销案例进行学习和借鉴，并填写表 3-7。

表 3-7 直播商品营销方式

直播宣传方式：
直播互动方式：

知识链接

一、直播活动人员配置

个人主播或人员紧张的直播团队，多采用一人身兼数职的运营方式。这种运营方式只是权宜之计，只有明确直播人员分工，才能确保直播团队成员各司其职、高效协作，才能更为长久、高效地运营。直播人员分工应视直播规模而定。

小规模的直播，按直播团队原有的人员进行职责分工即可，也可适当增加少量人员协助直播团队工作。

中大型规模的直播，如果原有直播团队人员不足，就需要根据情况增加相应人员。同时，可根据工作内容对人员进行分组，如运营组、直播组、宣传组等，且每组应设置相关负责人负责工作对接。中大型规模的直播应包含主播、副播、编导、运营、选品、场控、投手、客服等核心岗位。

素养小贴士

直播运营经理小王：相关行政管理部门在网络直播领域已出台十几个专项管理文件，政策出台之密、参与部门之广、管理环节之细，凸显了网络直播监管的复杂性。每次政策发布我们都要进行学习和梳理。

直播编导小赵：好的。我们团队通过对《关于进一步规范网络直播营利行为促进行业健康发展的意见》《关于加强网络视听节目平台游戏直播管理的通知》进行梳理，厘清网络直播应遵循的基本规则，主要有：强化准入备案管理、确保导向正确和内容安全、压紧压实平台主体责任、明确网络直播发布者法律责任、规范网络直播经营行为、加强未成年人保护六个方面。

二、设计直播商品营销方式

直播商品营销方式的设计主要包含商品矩阵(见图 3-4)、商品价格体系、商品排列方式、商品推广渠道等方面。

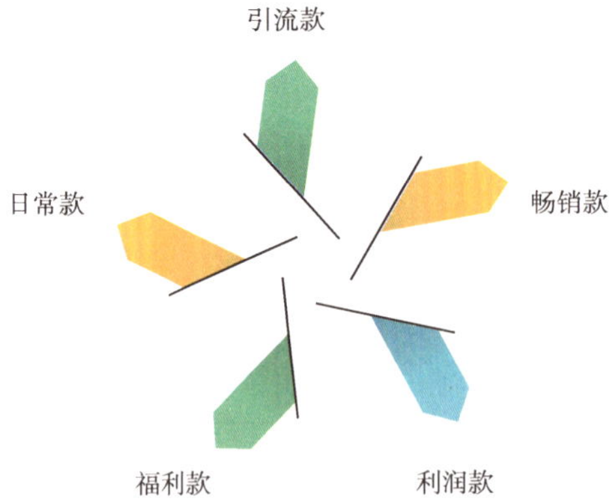

图 3-4　商品矩阵

1. 商品矩阵

引流款是指为直播间引进流量、用户关注度高的商品。引流款大致可以分为超值商品、新品、预售商品三类。

畅销款与引流款类似，具有较高的关注度与曝光度，同时，畅销款主要用于提升直播间的商品销量和转化率。

利润款指的是价格坚挺、利润率高的商品。此类商品或设计感强、外观精美，或颇具创意，与其他直播间同类商品形成差异，但价格一般并不透明，用户难以得知其真实成本。利润款销量往往不高，但因其利润率高，因此也能产生不错的销售业绩。

福利款通常具有高性价比且购买权限只对部分用户开放，只有满足特定条件或完成指定任务的用户才能购买。福利款主要用于提升直播间人均在线时长、增强用户黏性。

日常款的利润率不及利润款，性价比不及引流款、畅销款和福利款。此类商品主要作用是充当直播间的商品价格锚点，便于用户就直播间的商品进行价格对比。

2. 商品价格体系

不同的直播活动，其促销的力度不同，商品价格也会随着促销力度的调整而调整。每一场直播活动，不仅以实现本场直播活动的短期目标为目的，还应符合直播间的长期运营规划。因此，直播团队应重视直播商品价格的调整，维护商品的价格体系以及核心用户的权益，不可任意定价扰乱商品市场，引发已购商品用户的不满。

3. 商品排列方式

直播间的商品列表，犹如实体店铺中的货架，直播团队应尽量将所有上架商品进行有序排列，便于用户查看和购买。常见的商品排列方式有按品类排列、按主题排列两种。

4. 商品推广渠道

直播带货的五大推广渠道包括直播平台内推广渠道、社交媒体推广渠道、电商平台推广渠道、品牌合作推广渠道和粉丝裂变推广渠道。在实际操作中，可以灵活运用这些渠道，结合自身产品特点和目标受众，利用巨量千川(其在手机上安装的版本叫作小店随心推)直播平台工具制定合适的推广策略，提升直播带货的效果和销售业绩。

巨量千川是巨量引擎旗下的电商广告平台，与抖音电商深度融合，为商家和达人们提供抖音电商一体化营销解决方案。通过打通抖音账号、抖音小店、巨量千川的账户，提供一键开户和便捷管理，实现“商品管理—流量获取—交易达成”的一体化营销，降低投放和管理成本，有效提升电商营销效率。巨量千川和小店随心推测试爆款素材的核心策略包括：小店随心推测试筛选高点击和转化素材，千川控成本测试低预算精准投放素材，千川放量测试快速筛选优质素材。使用千管家等工具可提升投放效率，实现规模化增长。

【思考与探究】

直播活动的基本信息有哪些？尝试根据本节内容制定一个可行的直播方案。

活动指导

如何制定直播活动方案？

直播活动方案制定根据直播活动相关的背景和直播目的，从进行直播人员分工、设计直播商品营销方式两个方面策划直播方案，为直播带货的开展提供思路。

第一步：进行直播人员分工。

在安排人员分工时，应明确小组负责人或备选人员，小组工作内容有时会落实到具体的个人身上，有时则由各组的负责人进行分配。

第二步：进行人员分组，并确定负责人和职责划分。

各岗位人员的职能分工如表 3-8 所示。

表 3-8　各岗位人员的职能分工

岗　位	分　工
主播	熟悉商品，熟悉直播话术，介绍直播间促销活动，介绍及展示直播间商品，活跃直播氛围
副播	引导用户互动，为用户答疑，对直播内容进行复盘总结等
编导	辅助主播进行直播，引导直播间用户关注、配合主播演示，留意用户留言并提醒主播
运营	及时播报商品库存，营造购买氛围，传递直播间样品等
选品	研究竞品，策划主播话术，策划商品介绍节奏，策划及撰写直播话术，直播前沟通
场控	预演，监测直播效果，对直播内容进行复盘总结等
投手	研究直播平台运营规则，策划直播间的促销活动，制定促销方案，撰写商品文案等
客服	对直播内容进行复盘总结等

第三步：设计直播商品营销方式。

直播宣传方式：总体上分为站内宣传和站外宣传。站内宣传是在直播平台内发布宣传文案和视频进行引流，以及付费推广等；站外宣传是通过微信朋友圈、微信公众号、微信群等第三方平台为直播宣传引流。

直播互动方式：主要包括直播间氛围营造方式和直播间促销方式。常见的直播互动方式包括定时抽奖、互动问答、派发红包、才艺展示等。注意力经济时代，用户在直播间的停留难能可贵，直播团队需要给予用户一定的物质奖励、精神鼓励并及时兑现，以避免直播间冷场，提升直播间人气，只有这样才能有效吸引和留住用户。

【任务评价与反思】

根据考核内容，学生完成自我小结并进行自评打分，教师根据学生活动情况进行点评并完成教师打分，按照“自评分 20%+互评分 30%+专业教师评分 50%”的方式计算得分，填写表 3-9。

表 3-9 任务综合评价表

班级： 姓名：

项目三：任务一 直播方案制定							
序号	评价项目	测 评 标 准	分值	自评 20%	互评 30%	教师 50%	得分
1	理论知识	1. 明确直播定位 2. 明确直播活动基本信息 3. 设计直播商品营销	40				
2	技能实训	1. 掌握活动的基本信息 2. 进行直播定位 3. 设计直播商品营销活动	40				
3	素养思政	1. 小组合作水平 2. 课堂作业质量 3. 上课学习状态 4. 自我职业素养	20				
合计			100				

任务二 直播脚本策划

任务目标

知识目标：1. 能够说出直播脚本的基本构成要素。

2. 掌握直播脚本的编写技巧，撰写直播脚本，准备直播话术。

技能目标：1. 能够熟练撰写直播脚本。

2. 可以准备完整系统的直播话术。

思政目标：1. 直播话术能够对直播销售起到推动作用，但策划人员在设计直播话术时要切忌夸大、扭曲事实，避免造成用户的认知偏差。

2. 策划人员在设计直播话术时应保持求真务实、一丝不苟的工作态度，坚持以事实为依据，设计和创新直播话术。

任务描述

直播运营经理小王：小赵，我看了你为 A 公司制定的直播方案，我认为可行性比较高，我们就按照这个方案进行。你把本次活动的直播脚本写出来，方便后续开播。

直播编导小赵：好的，王经理。我这几天就着手为 A 公司策划直播脚本。

直播运营经理小王：在撰写直播话术时注意避免违规降权。要遵守直播规范，否则可能遭到直播平台的降权处罚。为了避免违规，你多查看直播平台的规则和公告等信息，同时要注意直播带货容易诱导消费者冲动消费，直播互动包含的社交属性也加剧了消费者跟风购物的从众心理，所以为了我们的直播事业持续长久发展，我们也要引导消费者根据需要，科学理性消费。

直播编导小赵：好的，王经理。

小赵先与小王商议了 A 公司的直播脚本策划工作，然后在小王的指导下开始投入具体工作中。

任务分析

任务详情见表 3-10。

表 3-10 任务单

任务	直播脚本策划	
子任务	撰写直播脚本	准备直播话术
活动形式	3~4 人小组	3~4 人小组
活动要求	梳理直播脚本基本要素，确定每个商品推荐环节的时长，细化每个环节的工作内容	通过学习，按照“引出商品→商品详解→促成下单”的逻辑设计商品推荐话术

续表

任务	直播脚本策划	
岗位标准	能根据商品信息，提炼商品卖点，撰写合适的商品直播脚本	能根据商品卖点，准备合适的直播话术，完成直播推荐
活动编号	活动 3.2.1	活动 3.2.2

任务实施

活动 3.2.1　撰写直播脚本

任务总领

直播脚本是直播团队成员之间相互协同配合的基础，是主播及副播梳理直播内容和节奏的依据，是直播活动顺利进行的保障，也是直播活动结束后的重要复盘资料，可以使主播及团队其他成员明确一场直播的时长、流程及直播各阶段的具体工作。因此，直播团队必须重视直播脚本的策划。

小组活动

接下来，需要为 A 公司文创产品清仓直播活动策划直播脚本，以保证直播活动的有序开展，达到预期的销售效果。

本次直播共 2 小时，根据直播时长，明确不同直播阶段的工作内容和时长。确定直播开场阶段的开场预热和活动剧透两个环节的时长，时长各 10 分钟，共 20 分钟；确定直播结束阶段的商品返场和直播预告两个环节的时长，时长各 10 分钟，共 20 分钟；确定在直播中安排 4 个营销活动，并将每个营销活动的时长设定为 5 分钟，共 20 分钟；剩余 60 分钟用于推荐商品，设定 12 款商品，每款商品的推荐时长为 5 分钟(若商品的数量增加，可缩短每款商品的推荐时长)。针对 4 个营销活动，直播团队可将直播间福利任务活动安排在直播开场阶段之后，以吸引用户观看直播，提升直播间人气，促进商品销售；整点红包活动安排在 21：00 之前，可提前告知用户活动时间；超级福袋抽奖活动安排在整场直播的中场阶段，可根据预算多次发布超级福袋抽奖活动，吸引用户参与，活跃直播间氛围；倒计时红包活动安排在商品返场环节之前，用于直播结束前再次冲击商品销量。

请大家根据直播主题、直播目标、直播时间、人员分工及各工作流程的时间规划等，编写直播脚本。

知识链接

一、直播脚本的基本构成要素

直播脚本如同一场直播活动的流程说明书，其基本构成要素包含直播主题、直播时间、模块、时长、商品、优惠信息、话术、声画说明、负责人等。基本的直播脚本编写格式如表 3-11 所示。直播团队从 PC 端打开 WPS 表格文件或其他在线协同表格文件，即可开始编写直播脚本。

表 3-11　基本的直播脚本编写格式

直播主题								
直播时间								
开始时间	模块	时长	商品	优惠信息	话术	声画说明	负责人	备注

二、直播脚本的编写技巧

通常而言，直播脚本是由直播团队中的编导负责编写并制作成共享文件，本小节将对直播脚本的主要构成要素进行拆解，详细介绍直播脚本各构成要素的编写技巧。

1. 主题和时间

直播的主题与时间，是所有直播方案、宣传文案必备的信息。直播团队在制定直播活动方案时，已经就直播主题与直播时间进行了策划，具体内容可参见 3.1.2 小节，此处不再赘述。

直播活动方案中确认的直播时间，通常是直播活动的开始与结束时间。而在直播脚本中，直播团队还需要对这一直播时间段的直播内容进行策划，确认每个具体的直播模块的开始与结束时间。许多知名主播的直播间商品众多，这些商品均来自不同的品牌商，为了确保每件商品都能被推荐，直播团队往往需要精准控制每件商品的介绍时长。表 3-12 所示为直播脚本的主题与时间编写示例。

表 3-12　直播脚本的主题与时间编写示例

直播主题								
直播时间								
开始时间	模块	时长	商品	优惠信息	话术	声画说明	负责人	备注
19：50								
20：05								
20：10								
20：15								
20：20								
……								

2. 直播模块

一场直播活动动辄数小时，能坚持看完的用户只占小部分，大部分的用户处于在直播间来回进出的状态。正因如此，直播团队在策划直播脚本时，可以将整场直播活动划分为多个直播模块。

每个直播模块均应包含完整的互动与营销场景，并力求在用户停留的时间内，对用户产生足够的影响，以完成既定直播目标。尤其是以用户转化及产品销售为目标的直播活动，直播团队在策划直播脚本时，应让每个直播模块都包含一个完整的交易闭环——引入阶段、科普阶段、高潮阶段、转化阶段以及促单阶段，如图 3-5 所示。

3. 商品

在电商类直播中，商品的推荐与销售是必备的直播内容。直播团队在编写直播脚本时，可以将商品名称与商品促销的关键信息单独列出，并在直播话术中突出商品的卖点与优惠信息。表 3-13 所示为直播脚本的直播模块编写示例。

表 3-13　直播脚本的直播模块编写示例

直播主题	××家具来了，直播宠粉日到了			
直播时间	2024 年 6 月 28 日			
开始时间	模块	时长	商品	优惠信息
19：50	直播流程简介	15 分钟		

续表

直播主题	××家具来了，直播宠粉日到了			
直播时间	2024 年 6 月 28 日			
开始时间	模块	时长	商品	优惠信息
20：05	沙发产品专场	5 分钟	棉花糖沙发	宠粉日满两件 7.8 折
		5 分钟	吐司沙发	满 2000 立减 200
		5 分钟	麦兜沙发	满 2000 立减 200
		5 分钟	云朵沙发	宠粉日满两件 7.8 折
20：25	抽奖互动	10 分钟	奖品：瓷碗筷一套	
20：35	茶几电视柜专场	5 分钟	原木风茶几	宠粉日满两件 7.8 折
		5 分钟	复古水磨茶几	宠粉日满两件 7.8 折
		5 分钟	六斗柜	购买得平台双倍积分
		5 分钟	实木电视柜	购买得平台双倍积分

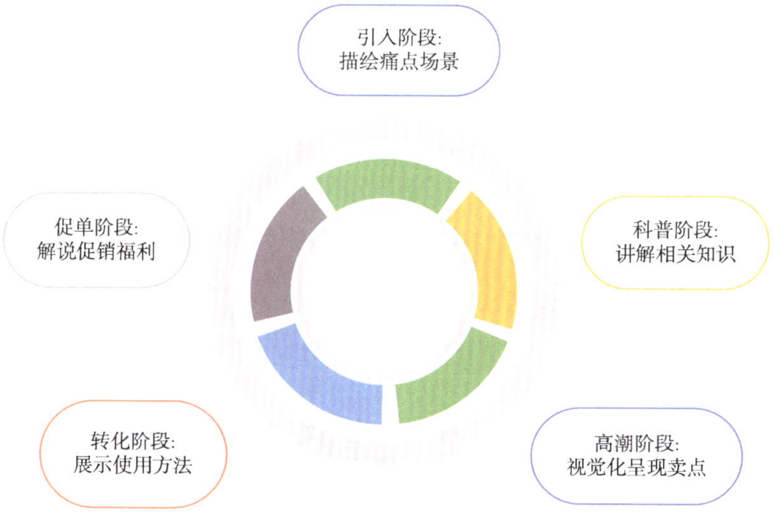

图 3-5　直播模块的交易闭环

活动指导

如何编写直播脚本？

直播脚本编写需要遵循一定的逻辑和思路，以厘清整场活动的流程并促使直播活动有序进行。以下是直播脚本编写的逻辑步骤。

第一步：再次明确直播活动主题和时间。

在制定直播活动方案时，我们已经确定了活动主题、活动时间、活动时长等，因此在写脚本时，我们再次明确并在脚本表格中编写出来，以便接下来的直播活动与预先设定的直播活动方案相吻合。

第二步：设计直播模块及其时长。

直播模块中有几个相对固定的环节，大体上分为直播开场、商品推荐、直播结束。例如，直播刚开始时必备的直播流程简介环节，直播过程中的互动环节，直播即将结束时的收尾与告别环节等。

直播团队在设置直播模块时，应注意根据直播间的用户平均停留时长设置直播模块的时长。公域直播平台品牌直播间的用户平均停留时长通常在 1 分钟左右。公域直播平台“达人”直播间的用户平均停留时长比品牌直播间略长，优秀的“达人”直播间的用户平均停留时长可达 2 分钟以上。私域直播平台直播间用户平均停留时长则可能达到 5~10 分钟。为了能让用户在直播间停留更久，建议直播团队将每个直播模块的时长设置为直播间用户平均停留时长的 2~3 倍。例如，某直播间的用户平均停留时长是 1 分钟，那么直播模块的时长可以设置为 2~3 分钟。一般而言，公域直播平台的直播模块时长应尽量控制在 10 分钟之内，私域直播平台的直播模块时长可以相对长一些，但不宜超过 15 分钟。

第三步：设计直播商品流程。

直播团队应根据本场直播所涉及的商品品类、数量，对商品进行排列、组合，适时引出商品，讲解商品，促成下单。

第四步：凸显商品优惠信息。

将商品名称与商品促销的关键信息单独列出，并在直播话术中突出商品的卖点与优惠信息，例如宠粉日满两件 7.8 折、购买得平台双倍积分、满 2000 立减 200 等。

活动 3.2.2　准备直播话术

任务总领

直播话术是指直播中主播的说话技巧。在不同的直播场景、直播时间段，主播需采用不同的话术。主播的话术表达是否恰当、是否有吸引力，会对直播效果产生影响。因此，主播在直播过程中应重视说话技巧，通过话术增加与消费者的互动，传递感情和情绪，凸显商品优惠信息，为观众创造更好的购买体验，从而实现预期的销售效果。

小组活动

本次直播活动，将推出表 3-14 所示商品：

表 3-14　直播商品信息

商　　品	价　　格	库　　存	促销活动
AA 文创潍坊风筝	399 元	1000 件	宠粉日满两件 7.8 折、购买得平台双倍积分、满 2000 立减 200 等
BB 文创故宫纸雕	299 元	1000 件	
CC 文创油纸花灯	199 元	1000 件	

根据商品的已知信息，明确商品推荐环节的时长，按照"引出商品→商品详解→促成下单"的逻辑设计商品推荐话术，以保证直播活动的有序开展，达到预期的销售效果。

填写表 3-15，为 A 公司文创产品清仓直播活动准备直播话术。

表 3-15　直播活动话术

流　　程	话　　术
开场	
引关注	
促留存	
促转化	
下播	

知识链接

直播脚本的话术是指主播和副播在直播过程中说话的艺术。直播话术一般可归纳为开场、引关注、促留存、促转化、下播等。

一、直播开场话术

直播开场话术多用于直播暖场，主播可以讲一些具有个人特色的欢迎语，也可以告知用户本场直播活动的主要内容。一些新手主播由于欠缺经验，也没有资源优势，在直播开场时容易产生紧张的情绪，不能吸引用户进入直播间，此时新手主播应积极调整状态，表达对用户的欢迎和感谢，用情绪感染用户，吸引用户观看和停留。好的直播开场能够营造热闹的直播氛围，调动用户的情绪。

表 3-16 所示为直播开场话术示例。

表 3-16 直播开场话术示例

流　程	话　术
打招呼 （我是谁）	欢迎新进来的姐妹们，我们家是做了十年的高端女装档口，今天直播给大家准备了十几个福利活动。 大家好，我们家是十年高端外贸服饰设计师店，今天第一次线下转线上，想要把更多高端服饰推荐给姐妹们，给大家省去买手钱，省去店面钱，初来乍到，就是来送福利的。
欢迎 （我重视你）	欢迎×××进入直播间，咦~这名字有意思…… 欢迎×××来到我的直播间，很多人说是因为我的歌声/舞姿/幽默感留下来的，你也是吗？
求关注 （请关注我）	主播每天的开播时间是早上 8 点，不会迟到，更不会缺席。（传达直播时间） 今天的（直播主题）直播间是（品牌名）一年一度的宠粉专场，品牌方总共为大家带来了 20 款热卖单品，平时舍不得下手的宝宝今天可以闭眼下单了，因为力度空前。话不多说，先上一波福利，感受一下品牌方的诚意！
求分享 （请你分享我的直播间）	今天话不多说，拿出 5 款高端服饰做福利，只想大家关注我们，支持我们一下。 这一款，我们家给别的买手都要 399 的高品质羊毛打底衫，有没有喜欢的姐妹，今天 39 给大家带走好不好？
透露直播内容 （我会为你带来哪些内容）	这件羊毛打底衫，放在某专柜是多少钱呀，这个品质没有 300 是下不来的。 现在刚刚入秋，这款打底衫你既能单穿也可以搭配在你任何一件秋款外套里面，配上小西装外套就是干练的感觉，配上小风衣就能立马去约会……
流程、福利宣贯 （你会从我这里获得什么）	关注主播不迷路，主播带你上高速！喜欢主播的可以帮忙分享一下哦！ 宝宝们，是新粉的扣个 1 啊，先给咱们新粉宝宝安排一波见面礼！

二、直播引关注话术

直播过程中随时都有用户进入直播间，所以主播要熟练、灵活地运用直播引关注话术，反复提醒用户关注直播间，以提升直播间的人气，增加账号粉丝数量。

表 3-17 所示为直播引关注话术示例。

表 3-17 直播引关注话术示例

序　号	话　术
1	欢迎各位小伙伴来到我的直播间，主播性格好，关注就像捡到宝！
2	欢迎来到××直播间，点个关注不迷路，把持不住开守护，事不宜迟赶紧行动！（求关注）
3	千山万水总是情，帮忙点个关注行不行？感谢有你！

续表

序号	话术
4	十年修得同船渡，大家一起点关注，百年修得共枕眠，点个关注不要钱！
5	欢迎×××进入到我们这个大家庭，点个关注，么么哒！
6	关注主播不迷路，开启缘分第一步，欢迎进来的朋友，不要着急马上走！
7	我是××新主播，拥有干净的少御音，会唱歌会跑调，能从点个关注开始成为朋友吗？

三、直播促留存话术

进入直播间的用户越多，直播间的人气就越高。主播要使用促留存话术吸引用户留下来观看直播并对直播内容产生兴趣，从而为带货创造有利的条件。常见的留存用户的方法有发红包、抽奖、与用户互动聊天等。不同的留存用户的方法需要配合相应的话术，才可达到更好的效果（表 3-18）。

表 3-18　直播促留存话术实例

序号	话术名称	说明和举例
1	点名型话术	在直播时欢迎新观众，点名提问者，回答问题的时候都把对方 ID 带上，会让观众有一种交流感。例如：“欢迎张三进入我的直播间，你的名字这么有创意，是不是背后有什么故事？”
2	诱导型话术	在我的直播间停留会有三大收获，第一是教会你如何拍摄视频，第二是增长你的粉丝，第三是在直播间可以抢到红包和福袋。例如：“今天来给大家分享几个美妆的小技巧，学会了你也可以是美妆达人！”“如果你想成为美妆达人，那么你肯定会留在直播间接着看吧！”
3	节奏型话术	“觉得主播跳得好看/唱得好听的刷波 666。”“刷波 520 让我感受一下你们的热情。”这类型的抖音直播话术会让新进来的游客看到直播间很活跃，从而产生好奇，留下来看看主播到底是表演了什么使得这么多人在刷屏。
4	痛点型话术	“不会搭配的朋友/皮肤黑的姐妹/偏胖的宝宝们，可以穿下面这套衣服。”如果你刚好属于其中一类，一定想知道怎样的搭配适合你，从而留下来。比如服装类带货直播，主播可以通过对某件服装的专业搭配，以及服装质量的专业讲解的话术来吸引粉丝下单购买。
5	意见型话术	提高观众的参与度，让观众不由自主地留下来观看，毕竟“好为人师”是很多人的一种习惯。例如：“家人们帮我看看，我的直播间还有哪些地方可以优化改善，我们的成长离不开你的真实反馈。”

四、直播促转化话术

直播促转化话术的作用是在商品讲解过程中引导用户下单购买商品，该话术设计的逻辑主要包括：打消用户的顾虑，取得用户的信任；制造稀缺感和紧迫感；提供优惠等。

表 3-19 所示为直播促转化话术示例。

表 3-19　直播促转化话术示例

序　号	话　术
1	这一款数量有限，如果看中了一定要及时下单，不然等会就抢不到啦！
2	这次货品折扣仅限本次活动进行时间，错过了，我们就不会再有这个价格啦！想要的朋友抓紧时间哦！
3	我们这款产品只有 10 分钟的秒杀优惠哦，喜欢的朋友们赶紧下单哈！
4	还有最后 3 分钟哦，没有购买到的亲赶紧下单哦！
5	如果您今天下单，我们会马上为您发货，保证您能在 3 天内收到；但如果您等到明天，我们不能保证这个价格还会有，您可能要付更高的价格哦！——用紧迫感的形式，促使消费者立即购买商品。
6	只要您在直播结束前下单购买，我们会送一个超优惠的特别礼品给你哦！——附加礼品提高产品的实用性和附带价值。
7	因为自己的力量受限，我们只有依靠您的支持来不断进步！——祈求观众互动，达到消费者购买商品和提升用户口碑的效果。

五、直播下播话术

每一场直播都要有始有终，因此，在临近下播的时候也应该有一套话术，可以向用户表示感谢，也可以进行下一场直播的预告等。

表 3-20 所示为直播下播话术示例。

表 3-20　直播下播话术示例

序　号	话　术
1	今天的直播接近尾声了，明天晚上××点同样时间开播/明天会提早一点××点就开播了，大家可以点一下关注哦，各位奔走相告吧！/明天休息一天！后天正常开播！
2	我马上就要下播了，希望大家睡个好觉做个好梦，明天新的一天好好工作，我们下次见。
3	主播还有 20 分钟就下播了，非常感谢大家的陪伴，今天和大家度过了非常愉快的时光，主播最后给大家抽个奖好不好？大家记得关注我，下次开播就会收到自动提醒信息，我也会想念大家。
4	今天直播间一共进入了×××人，榜单有××人在帮忙邀请，第一名邀约了××人，比预计的少了一点，我要更努力一点才行了。

续表

序号	话术
5	轻轻地我走了，正如我轻轻地来，感谢各位的厚爱！其实不想跟大家说再见，不过因为时间关系，这次直播马上要结束了，最后给大家唱/放一首好听的歌曲，让我们结束今天的直播。
6	感谢现在进来的100位观众，还没停吗？我希望可以达到150个。哇，200个人了。这个完全停不下来呀，真的非常感谢各位的分享以及转发，特别感谢。

素养小贴士

直播团队可以通过多种途径收集直播话术模板，但主播运用话术不能靠死记硬背，因为直播现场存在变数，主播无法完全掌控直播的走势，所以主播运用话术的关键是懂得随机应变。主播应积累直播经验，提升表达能力，形成一套完整的直播话术框架。同时，策划人员在设计话术时要实事求是，避免话术和商品实际情况不符，否则会降低用户对主播和商家的信任。

活动指导

如何准备直播话术？

第一步：学习优秀同行话术。

收集整理优秀同行的直播带货话术，不断反复观看学习，加深对优秀直播间话术、主播动作的印象。

第二步：拆解话术。

将话术拆解为开场话术、引关注话术、促留存话术、促转化话术、下播话术等。

第三步：改话术。

通用话术例如开场话术、拉互动话术，与自身产品卖点相似的部分话术可以适当性保留。按照自身产品的卖点、主播个人风格灵活地增加、删减、修正或者优化话术。

第四步：主播试读话术。

根据产品和主播特征将优化好的话术形成定稿，主播进行试读并继续优化，以达到连贯顺畅、独具特色、专业可靠的效果。

【任务评价与反思】

根据考核内容，学生完成自我小结并进行自评打分。教师根据学生活动情况进行点评并完成教师打分。按照“自评分20%+互评分30%+专业教师评分50%”的方式计算得分，填写表3-21。

表 3-21　任务综合评价表

班级：　　　　　　　　　　　　姓名：

项目三：任务二　直播脚本策划							
序号	评价项目	测评标准	分值	自评 20%	互评 30%	教师 50%	得分
1	理论知识	1. 识记直播脚本的基本构成要素 2. 掌握直播脚本的编写技巧 3. 掌握直播话术的编写技巧	40				
2	技能实训	1. 撰写直播脚本 2. 准备直播话术 3. 运用直播脚本编写技巧	40				
3	素养思政	1. 小组合作水平 2. 课堂作业质量 3. 上课学习状态 4. 自我职业素养	20				
合计			100				

任务三　直播风险预案

任务目标

知识目标：1. 能够厘清直播活动前中后三个阶段的风险预案要点。

2. 明确直播带货选品风险、法律风险、常见风险和销售风险的应对方法。

技能目标：1. 能针对具体直播活动分析出发生风险的原因。

2. 找到应对直播风险的方法。

思政目标：1. 直播从业者应不断提升自我的职业素养。

2. 提升学生的心理素质，能够应对职业压力或工作压力。

任务描述

直播运营经理小王：小赵，A 公司与我们公司是首次合作，A 公司文创品牌也即将在抖音旗舰店开展首次直播，因为缺乏直播经验，他们品牌非常重视直播风险防范问题，需要荣邦的直播团队制定出风险预案，以使此次直播活动能顺利开展。

直播编导小赵：好的，王经理。我这几天就着手制定直播风险预案。

为了尽可能地规避直播间的带货风险，小王让小赵继续制定该次直播活动的直播风险预案。小赵根据小王的指示明确了本次任务，开始投入到具体工作中。

任务分析

任务详情见表 3-22。

表 3-22　任务单

任务	直播风险预案	
子任务	防范直播风险	应对直播风险
活动形式	3~4 人小组	3~4 人小组
活动要求	通过学习，了解直播过程中可能面临的直播风险及掌握防范这些风险的具体方法和预案	通过学习，可以应对直播全过程的各种方案并及时正确应对
岗位标准	制定直播风险管理制度，可以评估风险预案的时效性	能根据直播要求，完成直播风险管理制度的全部内容和评估方法
活动编号	活动 3. 3. 1	活动 3. 3. 2

任务实施

活动 3. 3. 1　防范直播风险

任务总领

任何一场直播活动都存在很多不确定因素，如网络问题、直播设备稳定性问题、商品质量问题等，一旦出现问题，就会对直播活动造成不良影响。所以在开始直播活动前，直播团队需要制定风险预案，尽可能地规避风险。

小组活动

小组合作，大胆试想如果 A 公司没有做风险预案，直播活动过程中会出现哪些意外情况。填写表 3-23。

表 3-23 风险要点

	要点	风险
第一步（直播前）	选品	
	法律	
第二步（直播中）	直播中途	
	销售	
第三步（直播后）	下播	

知识链接

制定直播风险预案，需明确风险防范要点，直播风险防范要点包括以下 4 个方面的内容。

（1）直播带货选品风险。直播带货选品环节的风险包括选品时未注意审查商品品质的风险、选品侵犯知识产权的风险、选品定价风险等。

（2）直播带货法律风险。直播带货法律风险主要是直播宣传营销用语含有《广告法》等法律条文禁止的内容。

（3）直播过程常见风险。直播过程常见风险包括直播声画不同步、直播卡顿、直播闪退、主播口误(商品属性、商品折扣、赠品信息播报错误)等。

（4）直播商品销售风险。直播商品销售风险主要包括主推商品销售情况不佳、商品链接失效或错误等。

素养小贴士

直播带来的红利容易让部分主播迷失自我、忘记初心，在激烈的直播竞争中，采取不当手段获取利益，此种方法并不可取。直播行业的从业人员须知成功并非一朝一夕，重点还在于提高个人的专业能力和职业素养。

活动指导

如何制定风险预案？

第一步：制定直播前的风险预案。

（1）设备保障预案，为预防因设备故障影响正常直播，在正式直播前，明确做好设备保障准备。

（2）宣传营销信息风险预案。开展直播活动时，明确直播宣传营销所用图文、视频等内容，不得含有《广告法》等法律条文禁止的内容，避免法律风险。

（3）出镜人物风险预案。直播前，明确直播出镜人物规范，避免风险。

（4）主播口误风险预案。直播前，规范主播口播内容（主要是商品脚本，包括促进用户关注、商品推销的话术等），避免风险。

第二步：制定直播中的风险预案。

正式直播时，针对可能出现的风险问题进行应急处理，如设备故障、商品链接错误、主播口误等。

第三步：制定直播后的风险预案。

直播结束后，为预防商品质量问题对主播和公司造成负面影响，制定应对措施。

活动 3.3.2　应对直播风险

任务总领

任何一场直播活动都存在很多不确定因素，如网络问题、直播设备稳定性问题、商品质量问题等，一旦出现问题，就会对直播活动造成不良影响。在开始直播活动前制定风险预案虽然能在很大程度上规避风险，但如果在直播活动中已经出现了选品、法律等风险，我们应当迅速地针对风险采取相应的应对措施。

小组活动

1. 直播带货选品风险应对

小组合作分析，如果 A 公司带货选品出现了问题我们应该如何应对？将图 3-6 补充完整。

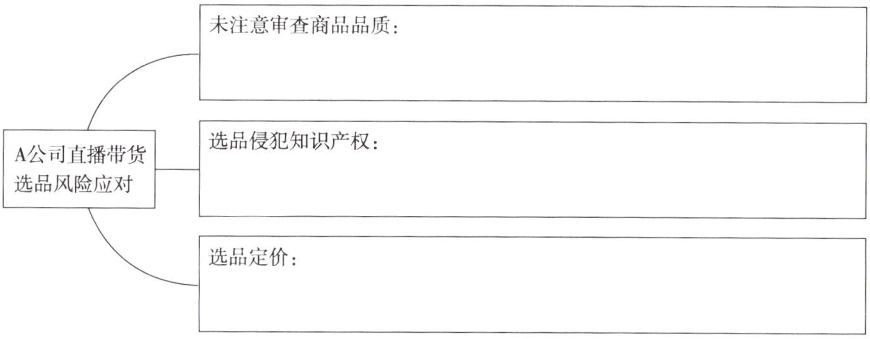

图 3-6　直播带货选品风险应对

2. 直播带货法律风险应对

小组合作分析，如果 A 公司带货出现了法律风险问题，我们应该如何应对？将图 3-7 补充完整。

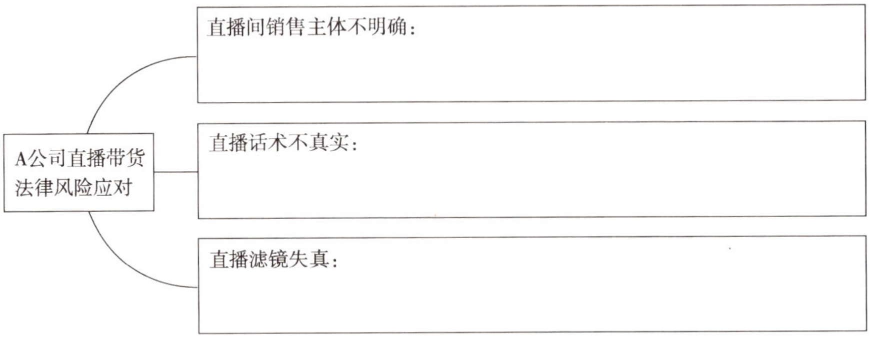

图 3-7　直播带货法律风险应对

3. 直播过程常见风险和直播商品销售风险应对

小组合作分析，如果 A 公司带货出现了直播过程常见风险和直播商品销售风险，我们应该如何应对？

知识链接

针对不同风险类别，直播团队需制定和采取相应应对措施。

一、直播带货选品风险应对

1. 针对选品时未注意审查商品品质的风险问题，直播团队可采取以下应对措施。

（1）审查品牌商的资质。审查品牌商的资质证照办理情况，对于没有相关资质证照的品牌商应拒绝与其合作。

（2）审查商品质量。要求品牌商提供商品的检疫检验证、合格证等能证明商品资质的证照，审查商品是否符合行业标准、国家标准等，拒绝为质量不合格的商品带货。

（3）保留审查证据。保留好已审查产品质量、品牌商资质的证据，若发生纠纷，可以此为抗辩依据。

2. 针对选品侵犯知识产权的风险问题，直播团队可采取以下应对措施。

（1）要求品牌商提供商品的知识产权相关资料，并做好证据留存。

（2）核实品牌商的真实名称、地址、联系方式及违法记录情况，审查品牌商是否接受过行政处罚等。

（3）在与品牌商签订的合作协议中设置知识产权保证条款，做好责任划分，若发生知识产权纠纷，由品牌商承担责任。

3. 针对选品定价风险问题，直播团队可采取以下应对措施。

（1）严格审查介绍产品的口播稿，在直播过程中，避免使用极限词对商品的价格做"低价"承诺及承诺产品的品质等，避免出现违规提醒或被迫中止直播的情况。

（2）说明商品"打折""优惠"力度，保证售价不高于商家在同一平台前七日内的最低成交价格。

（3）在大促等重要节点的价格如非全年最低，应在直播过程中说明比价期间，如"该价格是十月份到现在为止的最低价了"等。

二、直播带货法律风险应对

1. 直播间销售主体不明确

直播带货涉及网络平台、直播间运营者、商品销售者等多方主体，在不同经营模式下，各方主体法律关系也会不同。实践中，在直播间运营者并非商品实际销售者的经营模式下，直播间运营者应在直播及购买过程中明确标注商品实际销售者信息，并使用足以使消费者辨别的方式进行提示，否则直播间运营者应承担商品销售者责任。

2. 直播话术不真实

直播带货商家应为自身在电商直播过程中与用户达成的约定、作出的承诺负责，不得发布虚假或者引人误解的信息，欺骗、误导消费者，不得实施虚构或者篡改交易量、关注度、浏览量、点赞量等数据流量造假的行为，否则易构成欺诈，并因此承担三倍赔偿的责任。

3. 直播滤镜失真

直播带货商家应当全面、真实、准确、及时地披露商品或服务信息，通过滤镜及打光展示商品时要注意限度，不能使商品颜色过分失真或刻意隐瞒瑕疵，误导消费者，否则易构成违约。

三、直播过程常见风险应对

针对直播过程中的常见问题，直播团队需分析问题原因，然后采取应对措施。直播过程常见风险原因分析及解决方案如表 3-24 所示。

表 3-24 直播过程常见风险原因分析及解决方案

风险问题	风险原因分析	解决方案
直播声画不同步	音频源距离太远 用户端选择的清晰度模式不合适 直播端第三方推流软件参数错误导致的推流异常	主播将麦克风拉近一些 主播引导用户调整视频播放清晰度(超清/高清/流畅) 推流操作人员(场控)合理调整推流参数
直播卡顿	网络信号不稳定	利用手机直播时，主播要尽快找到网络稳定的区域；利用PC直播时，使用无线网络时切换至有线网络，使用有线网络时更换连接线路
直播闪退	直播设备内存被其他程序占用 直播设备内存已满	退出直播程序后重启并再次登录 扩大直播设备内存或及时更换直播设备
主播口误	主播准备不充分或主播紧张报错	主播立即在直播间澄清、道歉，若用户因主播口误已产生消费行为，主播要及时与商家沟通，对有退货退款需求的用户进行退货退款处理

四、直播商品销售风险应对

针对主推商品销售情况不佳的风险问题，策划人员应及时查看商品数据，若其他商品卖得更好，用户口碑更好，可将后面时间段的主推商品换成销售量高的商品。针对商品链接失效或错误的风险问题，主播应在第一时间安抚用户情绪，告知用户停止购买，向已经下单的用户道歉，并给其退款，同时与商家进行交涉并更正；若无法妥善解决，则应直接下架该款商品，继续完成后续的直播。

素养小贴士

主播应该具备良好的心理素质，保持良好的状态，在面对直播间用户的质疑时从容应对、耐心解释，保持乐观的心态。这样有助于主播在面对直播中出现的设备故障、口播失误、用户误会等问题时，保持稳定的情绪，能够冷静处理问题，得到用户的认可和信任。某知名带货主播因质疑79元一支的国货眉笔太贵而引发争议，回怼消费者不努力、不涨工资，不能理解消费者的难处。此举激起网友不满，评论认为主播失去了与普通消费者的共情能力。尊重消费者是带货主播的基本态度，主播不应PUA消费者。国货应赢得消费者信任，而非道德绑架。尊重消费者也是带货主播的基本职业态度。只有不忘初心，始终与消费者站在一起，才能赢得消费者的信任和长期选择。

活动指导

直播带货　法律先行

针对直播不得含有《广告法》等法律条文禁止内容的法律风险问题，直播团队可采取以下应对措施。

（1）审查商品或服务宣传的真实性，不为未使用过的商品或者未接受过的服务做推荐或证明，不能明知广告虚假仍做推荐或证明。

（2）直播营销用语，包括宣传文案、视频、主播口播内容等，不使用无法考证的绝对化词句形容商品。例如，不得使用“国家级”“最高级”“最佳”“唯一”“绝无仅有”等词。

（3）明确直播营销用语限时的具体时限。使用“一天”“今日”“倒计时”“趁现在”“仅限”“周末”等词语时须标明具体活动日期。不得使用“随时结束”“仅此一次”“随时涨价”“马上降价”“最后一波”等无法确定时限的词语。

（4）直播营销用语不得使用“中国驰名商标”“领导品牌”“专供”“专家推荐”等权威性词语。

（5）直播营销用语不得使用“秒杀”“抢爆”“再不抢就没了”“不会再便宜了”“错过就没机会了”“万人疯抢”“全民疯狂抢购”“抢疯了”等词语。

（6）直播宣传营销须真实、合法，不得含有虚假或让用户误解的内容。例如，不得擅自使用其他商品特有的名称、包装、装潢，或者使用与其他商品近似的名称、包装、装潢，让用户误以为是其他商品，又如普通食品不得宣传其有保健功能或医疗作用等。

（7）客观公正地评价推荐的商品，谨慎评价其他同类商品，不诋毁其他同类商品商家的商业信誉、商品声誉。

【任务评价与反思】

根据考核内容，学生完成自我小结并进行自评打分，教师根据学生活动情况进行点评并完成教师打分，按照“自评分20%+互评分30%+专业教师评分50%”的方式计算得分，填写表3-25。

表3-25　任务综合评价表

班级：　　　　　　　　　　　　姓名：

项目三：任务三　直播风险预案							
序号	评价项目	测评标准	分值	自评20%	互评30%	教师50%	得分
1	理论知识	1. 直播活动前中后三个阶段的风险预案要点 2. 明确直播带货选品风险、法律风险、常见风险和销售风险的应对方法	40				

续表

项目三：任务三　直播风险预案							
序号	评价项目	测 评 标 准	分值	自评 20%	互评 30%	教师 50%	得分
2	技能实训	1. 分析出发生风险的原因 2. 在具体活动中找到应对直播风险的方法 3. 发现及解决问题	40				
3	素养思政	1. 小组合作水平 2. 课堂作业质量	20				
合计			100				

【任务拓展】

实训主题：制定女鞋直播带货方案。

实训目的：掌握制定直播带货方案的思路与方法。

实训要求：根据表 3-26 所示的直播活动介绍，制定直播方案。

表 3-26　直播活动介绍

直播背景	MM 女鞋店的店主在抖音平台开设了抖音小店，以销售实体店内的商品。店内商品由女鞋厂家直供，店主到厂家拿货，已合作多年。店主开通直播带货权限后，使用手机在实体店内直播带货，直播带货时长已有 3 个月，直播账号粉丝有 8600 人，日常一场直播同时在线观看人数一般是 200～300 人，销售额一般在 800～1200 元。近日，店主计划在 3 月 8 日妇女节当天在店铺内进行直播，销售店铺里的 20 款女鞋，商品以 5 折的销售折扣力度进行销售，以吸引用户关注
团队配置	日常直播固定的 2 人团队，店主担任主播，并负责策划直播脚本，筹备宣传图文、视频内容等；一名店员协助主播直播，并进行后台操作等
直播间背景布置	店铺内直播，室内顶灯提供充足光源，光线效果较好、另外配置有环形灯，用于美化主播形象
资源支持	微信朋友圈、微信群

实训思路：根据直播活动介绍，已能确定直播平台、直播场地、直播形式及团队人员分工等，本次制定直播方案需明确直播目标、直播时长与时间、直播宣传与互动方式等。从直播活动简介内容可知直播商品折扣力度较大，以促进商品销售，提高销售额为目的，日常直播销售额为 800～1200 元，3 月 8 日妇女节的时间节点和较大的折扣对销售女鞋有利，可根据日常直播的数据将本次直播的销售额目标设定为日常直播销售额的 3

倍；直播日期定在 3 月 8 日妇女节当天，直播商品以 5 折销售，可根据时间节点与利益点策划直播主题；直播商品共 20 款，预估平均每款商品介绍 5 分钟，共花费 100 分钟，加上直播前期预热、互动、下播预告等时间，明确直播时长为 3 小时，直播时间段选择 19：00—22：00，这个时间段是众多用户在节日期间休闲娱乐、网上购物的时间；商家资源有微信朋友圈、微信群，可用于直播前宣传预热，站内可发布预热短视频，投放小额资金进行 DOU+付费推广；小规模的直播，可通过问答互动派发一定数量的福袋。

综上，MM 女鞋店直播方案如表 3-27 所示。

表 3-27　MM 女鞋店直播方案

直播目标	
5 折销售，实现 3200 元以上的销售额	
基本信息	
直播主题	3 月 8 日妇女节，共享 5 折优惠，让我们白头“鞋”老
直播平台及账号	抖音，MM 女鞋店店铺账号
直播场地	MM 女鞋店店铺内
直播形式	商家自播
直播时长	3 小时
直播时间	19：00—22：00
直播宣传方式	站内平台宣传：制作试穿女鞋的短视频并通过抖音宣传直播活动；DOU+付费推广站外平台宣传：围绕直播主题设计宣传内容，发布到微信朋友圈、微信群
直播互动方式	互动问答，发福袋
主播（店主）	店主担任主播，筹备宣传图文、视频内容，讲解商品等
助理（店员）	助理协助主播直播，传递商品及其他道具，配合主播进行后台操作，上架讲解商品，派发福袋

【综合练习】

1. 打开抖音 App，点击“我”选项，点击≡按钮，在打开的侧边栏中点击“设置”选项；在打开的界面中点击“抖音规则中心”按钮，打开“抖音规则中心”界面，查看抖音平台规则。

2. 直播方案的要点有哪些？

3. 达人主播进行化妆品直播带货存在哪些风险？如何预防与应对风险？

4. 某零食公司为进一步推广主打商品柠檬泡椒无骨凤爪，现提供 1.5 万份的现货商品，以每份 35 元的价格与抖音上的某达人主播进行合作。该主播直播间观看人数一般在 1 万人左右，带货转化率为 5%。请为本次直播制定直播方案与风险预案。

5. 你如何看待直播网红翻车事件？对你有什么启示？

项目四

直播引流

【项目概述】

在现如今电商行业竞争激烈的环境下，许多商家都在积极寻找提升转化率和销售额的方法，这就要求做好直播引流。通过有效的引流策略，企业可以将潜在客户吸引至直播间，增加直播的观看人数，提高互动率。这不仅可以增强品牌与消费者之间的互动，还能实时展示产品和服务，促进即时购买。优质的内容和高参与度的直播能够促使观众进行口碑传播，进一步提升品牌的曝光度和影响力。直播引流还有助于收集用户数据，为后续营销活动打下精准定位的基础。因此，直播引流是连接品牌与消费者、推动销售转化的关键一环。

【项目分析】

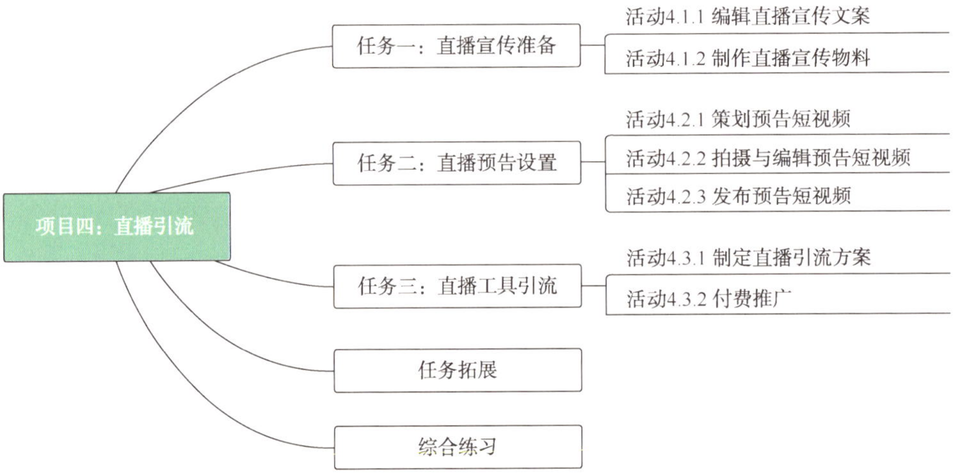

图 4-1　项目四思维导图

课前预习可扫码领取本节课的数字学习资源

任务一　直播宣传准备

任务目标

知识目标：1. 了解编辑直播宣传文案的思路和方法。
2. 掌握筹备直播宣传物料的内容。
技能目标：1. 能够撰写直播宣传标题、设计直播封面、撰写直播宣传文案。
2. 能根据直播主题需要选择并制作合适的宣传物料。
思政目标：1. 培养良好的审美和创新意识，能够制作契合直播主题的宣传物料。
2. 提升法律法规意识，确保直播宣传内容的合法性，营造健康的网络环境。

任务描述

直播运营经理小王：小赵，我们的直播电商业务越来越火了，合作商家也越来越多。

直播编导小赵：是的，最近有一家服装合作商想要借用我们的直播室进行一场直播，推广销售新上市的服装。

直播运营经理小王：那太好了！他们有什么要求吗？

直播编导小赵：他们希望我们能为他们设计直播活动，筹备直播宣传资料和发布直播预告，他们会配合提供所需的资料。

直播运营经理小王：那这个任务交给谁负责呢？

直播编导小赵：我决定让丫丫来负责这个工作。她经过学习，知道每场直播都应该精心设计，以保证直播活动有条不紊地进行，取得更好的带货效果。

小赵和小王在明确直播主题后，便紧锣密鼓地准备起了直播宣传，确保这场直播活动圆满成功。

任务分析

直播宣传文案和物料准备是商家推广产品或服务的重要手段，也是确保直播顺利进行和取得成功的关键环节，可以吸引观众，提升宣传力度，帮助直播活动达到预期的宣传和销售目标。直播宣传准备情况见表4-1。

表 4-1 任务单

任务	直播引流	
子任务	编辑直播宣传文案	制作直播宣传物料
活动形式	4 人小组	4 人小组
活动要求	通过学习，了解直播标题、直播封面，并撰写直播文案，完成直播宣传文案撰写的活动任务	通过掌握直播宣传主题要求，准备并完善直播宣传物料清单，完成直播宣传资料的制作
岗位标准	能够根据直播主题，准确定位直播文案设计思路和撰写方法，设计契合直播主题的预告宣传文案	能够根据直播内容确定并准备宣传物料，制作新颖吸睛的预告文案和图片
活动编号	活动 4.1.1	活动 4.1.2

任务实施

活动 4.1.1 编辑直播宣传文案

任务总领

编辑直播宣传文案是吸引观众的第一步。精准的文字描述能迅速传达直播亮点，激发观众兴趣，预告精彩内容，营造期待氛围。优秀的文案不仅能提升直播曝光率，还能强化品牌形象，加深观众记忆。通过数据分析优化文案，确保每次宣传都能精准触达目标群体，提升参与度和互动效果。因此，用心编辑直播宣传文案，是确保直播成功的关键一环。

小组活动

1. 直播宣传文案分析

登录“淘宝直播”平台，以小组为单位自主选择两个直播预告，讨论比较两个直播预告展示的宣传文案提供了哪些信息，文案编辑有何特点，能否吸引眼球，讨论结果可填入表 4-2。

表 4-2 直播宣传文案对比分析

比较分析	直播预告 1	直播预告 2
直播间名称		
直播预告标题		
直播预告信息		
预告文案特点		
是否吸引眼球		

2. 直播宣传文案撰写

直播宣传文案是传达直播内容、时间、嘉宾和其他重要信息的主要方式。清晰、准确的信息传递有助于目标受众了解直播的关键细节。在竞争激烈的直播市场，一个出色的宣传文案可以使你的直播内容在众多竞争者中脱颖而出，吸引更多的观众。所以，撰写直播宣传文案不仅是推广直播的重要手段，也是塑造品牌形象、提升用户体验和实现商业目标的关键步骤。

结合“小鹿”直播电商服装合作商的产品特点，设计并撰写表4-3所示的直播宣传文案。

表4-3　直播宣传文案

“小鹿”直播电商服装合作商宣传文案
直播活动推广平台：
直播时间：
直播标题：
直播内容简介：

案例阅读

“南浦溪小师妹”，是一名出生于温州泰顺南浦溪镇周新村的95后姑娘，其真名叫陈秀琴，是累计写了千万字小说的网络写手。2023年秋天，“小师妹”返乡工作，除了每天在各大网络平台上为南浦溪景区做营销推广，还承担起许多活动的策划工作。比如，她把景区的景点特色提炼成三句半，交给由景区工作人员组织而成的“西游记四人组”，在景区里实景直播表演，这一做法很快让景区有了新气象。此外，南浦溪景区因为“晒秋”季的活动而持续成为泰顺县最热门的景区，可见“小师妹”别出心裁的直播文案设计成功为景区增加了人气和流量。

知识链接

设计直播标题的常用策略

设计直播标题，目的是吸引观众的注意力并激发他们的兴趣，以便他们点击进入观看。表4-4是一些设计有吸引力的直播标题的原则。

表 4-4 设计直播标题的原则

原则	说明	示例
简洁明了	直播标题简洁明了，让顾客一目了然地知道直播内容和主题。过于复杂会让顾客感到困惑，失去观看兴致	① 众多时尚单品等你来挑选！ ② 快来解锁你的时尚穿搭吧！
寻找兴趣点	直播标题要抓住时事热点，吸引顾客驻足停留，激发观看欲望，可以通过提问等方式来吸引人	某直播间以娱乐辩论为主题开展直播。 目前热点：当下明星演唱会盛行，不少粉丝穿婚纱赴约！ 标题：女朋友穿婚纱去看演唱会该不该分手？
独特性	直播标题具有独特性，与其他直播内容形成区别，在众多雷同内容中脱颖而出	① 比封面更好看一点！ ② 划累了，进来歇歇！
诱导性	直播标题具有诱导性，能让观众有所期待，在期待中直播可获取更多信息，利用制造悬念的方式来吸引观众	① 全网最时尚单品，它才是我心中的王炸！ ② 这个×××神器我怎么没早点发现！
真实性	标题内容要与直播内容相符，真实可信，不可夸大、虚假宣传，避免顾客在观看直播的过程中发现内容与标题不符	① 劳动节特惠，全场五折起！ ② 茶香四溢的安吉白茶！

直播宣传文案的撰写技巧

标题要吸引人：标题是文案的第一印象，需要具有吸引力。使用简短、精练、有冲击力的语言，突出直播的亮点和主题。

强调直播价值：在文案中明确强调直播的价值，告诉观众他们能从直播中获得什么。例如，分享专业知识、提供实用技巧、展示新产品等。

突出主播特色：介绍主播的专业背景、特长或独特魅力，以提高观众对直播的兴趣。同时，展示主播与直播主题的相关性，提高观众的期待值。

引发好奇心：利用有悬念、疑问或引人入胜的故事情节，激发观众的好奇心，使他们想要进一步了解直播内容。

简洁明了：文案要简洁明了，避免冗长和复杂的句子。用简短的语言传达信息，让观众快速了解直播的核心内容。

运用修辞手法：运用修辞手法，如排比、对比、比喻等，增强文案的表现力，使之更具吸引力。

呼吁行动：在文案的结尾部分，明确呼吁观众采取行动，如关注直播间、预约直播等。这有助于提高直播间的参与度和转化率。

适应平台特点：根据不同平台的特点和受众群体，调整文案的风格和表达方式。例如，针对短视频平台，文案需要更加简短、直观；针对社交媒体平台，可以加入更多互动元素。

测试与优化：在发布文案前进行测试，观察观众的反应和参与度。根据反馈优化文案，以提高其吸引力和效果。

活动指导

如何撰写有效的宣传文案？

明确目标：首先，你需要明确你的宣传文案想要达到什么目标。你想要吸引新客户，还是让现有的客户更加忠诚？你的目标会影响你文案的内容和风格。

了解受众：了解你的目标受众是谁，他们的需求和兴趣是什么，他们的阅读习惯和喜好的语言风格是什么。这将帮助你写出更能引起他们共鸣的文案。

设计引人注目的标题：标题是吸引读者注意力的关键。标题应该简洁明了，同时充满吸引力。你可以尝试使用疑问句、引人入胜的事实、吸引人的统计数据或者引人注目的陈述。

突出卖点：你的产品或服务有什么独特之处？它如何解决客户的问题或满足他们的需求？在你的文案中突出这些卖点，让客户明白选择你的产品或服务的理由。

使用有力的语言：使用生动、形象、具体的语言来描述产品或服务。避免使用模糊、笼统的词语。可以尝试使用比喻、拟人等修辞手法，让文案更加生动有力。

构建清晰的结构：文案应该有清晰的开头、中间和结尾。开头应该吸引读者的注意力，中间部分详细解释你的产品或服务，结尾部分则应该呼吁读者采取行动，比如购买你的产品或服务。

测试和优化：最后，需要测试文案，看看它是否有效。可以通过 A/B 测试、用户反馈等方式来优化文案。记住，好的文案往往需要多次修改和优化。

案例阅读

“清朗”行动重点开展 10 项任务

2024 年“清朗”系列专项行动将紧紧围绕人民群众的新期待新要求，全面覆盖网上重点领域环节，着力研究破解网络生态新问题新风险，重点开展 10 项整治任务，包括：2024 年春节网络环境整治、优化营商网络环境——整治涉企侵权信息乱象、打击违法信息外链、整治“自媒体”无底线博流量、网络直播领域虚假和低俗乱象整治、规范生成合成内容标识、2024 年暑期未成年人网络环境整治、规范网络语言文字使用、整治违规开展互联网新闻信息服务、同城板块信息内容问题整治。

其中，在整治“自媒体”无底线博流量方面，将集中整治“自媒体”造热点蹭热点制造“信息陷阱”、无底线吸粉引流牟利等问题。督促网站平台做好涉国内外时事、公共政策、社会事件等领域信息来源标注，AI 生成信息标注以及虚构摆拍内容标注。

活动 4.1.2　制作直播宣传物料

任务总领

直播宣传物料一般包含线上宣传物料和线下宣传物料，可以分为多种形式展开。线上物料可以是宣传海报、商品主图、优惠信息、直播间产品链接等；线下物料可以是手举牌、实物道具等。物料是直播过程中以及前期宣传吸引顾客的一种有效方式，旨在通过这种方式突出直播主题与核心，让观众对直播内容有一个大致的了解。

小组活动

1. 直播宣传物料形式选择及物料内容

（1）请通过以上描述，选择一种直播物料形式，同时在直播平台上搜索有关女装的直播物料，看看都是以哪种形式呈现，并为“时尚女装”直播专场制定合适的宣传物料内容（可以是多种形式）。

直播宣传物料形式及物料内容：

（2）请根据（1）中直播宣传物料的选择结果，简单阐述选择这种物料的原因。

选择该直播宣传物料的原因：

2. 直播封面设计要求及原则

直播封面是观众选择进入直播间的第一步，能让感兴趣的他/她在众多直播间里第一眼就找到你。在开通直播后，需要遵循直播平台的规则，比如直播封面图，都是有格式要求的。

请自主查阅资料，思考一下，博文创科技有限公司在制作直播封面时，应该注意直播封面图文的哪些要求及原则。

直播封面图文的要求及原则：

案例阅读

2024 年“五一”假期，温州瑞安市马屿镇天井垟粮食生产功能区的麦田直播活动开展得如火如荼，不仅线上销售火热，还拉动市民前来体验田园风光。“看准麦子成熟的机会，制作稻草人、稻草动物；邀请民间艺人、乡土文化大使进行民俗歌舞表演。同时，每天做麦汤麦茶，供游客免费品尝。”“草根工社”负责人庄文雅说。

庄文雅带领当地村民扎根田间地头，一边培训直播卖货，一边与团队一起紧跟市场变化，不断改进田间地头题材的选择、创意和表现手法，在丰富田园旅游内涵的同时，因地制宜开展闲置旅游项目的盘活工作。丰富多样的直播宣传形式直接带动当地小麦销售 1.8 万千克，农特产品销售额达 25 万元。

知识链接

直播宣传物料的形式

直播宣传物料的形式是多样化的，根据实际需要选择合适的形式。以下是一些常见的直播宣传物料形式：

海报和宣传图：设计精美的海报和宣传图可以在直播前、中、后进行分享，吸引观众的关注。可以包括主播和产品的形象，活动信息和促销内容等。

视频预告片：制作一个精彩的视频预告片，预告直播时间、内容和亮点，通过吸引人的剪辑和音效来引起观众的兴趣。

社交媒体插图和文字：在社交媒体上分享一些图文内容，介绍直播活动的亮点、特色和参与方式，吸引用户点击和分享。

宣传口号和标语：制作一些简洁有力的宣传口号和标语，概括活动的主题和优势，吸引用户的注意力。

直播背景墙和道具：在直播现场设置一个与品牌形象和活动主题相关的背景墙，搭配一些道具可以提高直播的视觉效果和吸引力。

礼品和赠品：在直播宣传中可以承诺一些礼品和赠品，吸引用户参与互动和购买产品。

抽奖活动：开展一些抽奖活动，在直播中宣传并吸引用户参与，通过赠品和抽奖活动提高用户的参与度，增加用户的观看时长。

用户口碑和见证：收集用户的好评和见证，制作成一些用户口碑宣传和见证视频，在直播中播放，提升用户对品牌的信任和口碑。

综上所述，直播宣传物料的形式多种多样，可以根据实际需要选择合适的形式和内容，以提升直播活动的吸引力和影响力。而在当下融媒体时代，用户早已习惯接收多种媒体形式组合发布的丰富信息。相较单一的文字信息，用户更乐于接收"文案+海报""文案+视频"的组合信息。一般而言，直播宣传的文案、图文、视频应制作多条，以便于在不同的时间节点与渠道发布。

直播宣传封面的制作规范

制作直播宣传封面时，可以遵循以下规范以确保封面的质量和效果，以达到更好的宣传效果。

尺寸和比例：根据直播平台的要求和推荐，确定合适的尺寸和比例。常见的封面尺寸为 16∶9，例如 1920×1080 像素。

清晰度和分辨率：保证封面图像清晰度高，分辨率不低于推荐要求，以避免模糊或失真。一般来说，推荐使用高分辨率的图像，如 300dpi。

品牌识别和 LOGO：封面上应包含品牌识别元素，如品牌名称或 LOGO，以确保品牌的一致性和辨识度。

色彩和风格：选择合适的色彩和风格搭配，以符合品牌形象和活动主题。色彩应鲜明、吸引人，并与品牌风格相一致。

文字信息：封面上应包含必要的文字信息，如直播主题、时间、地点、特色亮点等。文字应清晰可读，字体选择应符合品牌形象，并与背景图像相协调。

图像元素和主题：根据直播内容和目标受众，选择合适的图像元素和主题来表达直播的特点和亮点。图像应与品牌相关，具有吸引力和创意。

简洁和明确：封面设计应简洁明了，避免信息过于拥挤。重要信息和关键元素应以清晰的视觉层次体现，使人一目了然。

品牌一致性：封面设计应与品牌的整体形象一致，包括颜色、风格、字体等，以保持品牌的连贯性和识别度。

创意和差异化：尽量突出创意元素和与众不同的设计，以吸引用户的注意力和兴趣，与其他封面做出差异化。

测试和调整：在制作完成后，建议在不同设备和屏幕上进行测试，以确保封面在各种情况下的显示效果符合预期。

总之，制作直播宣传封面时应注意清晰度、比例、品牌识别、色彩和风格、文字信息、图像元素、简洁性、品牌一致性、创意性和测试等方面的规范，以确保封面能够有效地吸引观众的关注和参与。

活动指导

如何做好直播封面？

一、深挖产品特点，结合用户审美

首先要明确直播间的受众群体，深入用户的生活场景进行挖掘，将用户需求或痛点作为设计封面图的重点考虑因素，最大限度地将用户喜好和直播间产品相统一。

例如，一个对“穿搭建议”有需求的消费者，在浏览直播时，最关心的可能不是主播的颜值、衣服的品牌，而是整体效果。

在消费者没有进入直播间之前，展现一套完整的搭配，抓住用户的眼球，使其有点进去的冲动，进而发生购买行为。

二、明确引流，最大限度提高点击率

1. “颜值”引流

“颜值”类封面，重点展示主播或代言人，以外形吸引用户点击，配合产品的一些特性，给人以清新脱俗的感觉，让用户有进入直播间一睹真容的冲动。

例如，一场上新春装的直播的封面图中，穿着精致的主播手捧一束花，同时精挑细选与主播面部妆容、配饰风格一致的产品，给手机用户带来了极佳的视觉观感，让其有进入直播间的冲动。

2. “溯源”引流

在“买全球”频道的直播中，封面图背景可以选择地标性建筑物等，通过所处地点表达主题，提高货源真实性，同时获得用户的信任，使其选择进入直播间。

对于地域标签特别明显的产品，可以直接选择产品的产地作为封面图背景，能让用户有种身临其境的感觉，吸引其对直播间的兴趣并点击进入，继而增加直播间流量。

3. “爆款”引流

例如将火锅零食化的自热小火锅，作为朋友圈爆款，它目前热度比较高，又恰好和直播间其他产品处于同一类目，可以直接将这一网红爆款作为封面图，吸引消费者进入直播间观看。

三、玩转视觉效果，让图片“说话”

展示是整个直播封面图优化的最后一步，在设计外观时，要遵循四字箴言：好看、准确。

1. 好看

好看是指图片内容高端大气上档次，不能过于花哨，要简单自然。这就需要对色彩的精准把控，例如暖色系的视觉冲击力最强；而任意两种颜色的组合，则会在视觉上给人一种跳跃感。

2. 准确

准确的信息是指其清晰易懂、重点突出。

封面图中不能掺杂文字，要让图片“说话”，适当地放大产品特点，让用户一眼就知道你卖的是什么。但不能夸大其词，否则就成了欺骗，用户只能成为单次的观众，而无法留存，转化为消费者。

优化封面图也要注意不能违反直播间规范，否则会有平台巡查小二直接关闭直播间，并实施与浮现权限有关的惩罚。

【任务评价与反思】

根据考核内容，学生完成自我小结并进行自评打分。教师根据学生活动情况进行点评并完成教师打分。按照“自评分 20%+互评分 30%+专业教师评分 50%”的方式计算得分，见表 4-5。

表 4-5　任务综合评价表

班级：　　　　　　　　　　　　姓名：

项目四：任务一　直播宣传准备							
序号	评价项目	测评标准	分值	自评 20%	互评 30%	教师 50%	得分
1	编辑直播宣传文案	能够撰写直播宣传标题、设计直播封面、撰写直播宣传文案	50				
2	制作直播宣传物料	能根据直播主题需要选择并制作合适的宣传物料	50				
合计			100				

任务二　直播预告设置

任务目标

知识目标：1. 掌握直播预告的常见形式。

2. 掌握直播预告短视频的主题类型和拍摄常用器材。

3. 掌握预告短视频脚本撰写的要求。

技能目标：1. 能根据直播内容策划并撰写短视频脚本。

2. 能根据短视频脚本，拍摄和编辑短视频。

3. 能发布直播预告的短视频。

思政目标：1. 提升良好的审美意识，能创新地进行短视频的策划与制作。

2. 培养良好的信息素养，能完成直播预告短视频的发布。

任务描述

直播运营经理小王：最近听说乡村振兴的机遇让越来越多的农村小微企业迎来春天了。

直播编导小赵：没错，但浙江湖州安吉县的小微企业“翠竹居”近期面临着产品滞销的问题。

直播运营经理小王：我有一个想法，我们可以组建一支乡村振兴运营专项团队，为“翠竹居”策划一次专场直播，帮助他们脱困。

直播编导小赵：这个主意不错！我们可以在正式开播之前做一个直播短视频的预告活动，以“白茶”为主推产品进行宣传。

直播运营经理小王：首先，要选择合适的直播预告短视频形式，比如可以是产品介绍、用户评价等。其次，要注意短视频的时间长度，一般不超过 1 分钟。最后，要有吸引人的标题和描述，让用户对直播产生兴趣。直播时间就定在 4 月 1 日当晚的 19：30，抢在“清明节”之前作为“明前茶”进行销售，这是用户抢购高峰期。

直播编导小赵：好的，我们可以在各大短视频平台发布，同时也可以分享到微信朋友圈、微博等社交媒体上，吸引更多用户关注和参与直播。

直播运营经理小王：这样听起来很有计划啊！希望我们的直播能够成功帮助“翠竹居”脱困。

任务分析

直播预告短视频在直播活动中起着非常重要的作用，它可以吸引更多的观众关注和参与直播活动，提高直播的曝光度和观看率，具体任务见表 4-6。

表 4-6　任务单

任务	直播预告设置		
子任务	策划预告短视频	拍摄与编辑预告短视频	发布预告短视频
活动形式	3~4 人小组	3~4 人小组	个人

续表

任务	直播预告设置		
活动要求	通过学习，了解直播预告的形式，完成直播预告短视频的策划脚本	通过学习，根据直播预告短视频的主题类型和拍摄常用器材，完成短视频的拍摄与编辑	根据相关平台直播预告的发布规则，完成直播预告短视频的发布
岗位标准	能根据平台要求，选择合适的直播预告形式；能策划预告短视频脚本	能根据平台要求，运用剪辑工具，制作符合直播主题的短视频	能根据直播平台规则，发布直播预告短视频，预热直播
活动编号	活动 4.2.1	活动 4.2.2	活动 4.2.3

任务实施

活动 4.2.1　策划预告短视频

任务总领

直播预告是指在直播开始前，通过文字、图片、海报、短视频等形式提前预告直播的内容、时间、亮点等信息，以吸引观众的注意力，提高直播的曝光度和关注度。通过预告，可以提前吸引观众的注意力，提高直播的关注度；可以提前为直播活动预热，让观众对直播内容有更充分的了解和期待，激发观众的参与欲望。

小组活动

1. 选择预告形式

在直播平台上搜索茶叶类商品的直播预告，看看都是以什么样的形式呈现，看看最能打动你的是哪一种，并为“安吉白茶”直播专场选择一个合适的预告形式。

直播预告的主要形式：
选择直播预告的形式与原因：

2. 策划预告短视频脚本

以小组为单位，为博文创科技有限公司电商运营团队的“安吉白茶”专场直播撰写预告短视频脚本，见表 4-7。

表 4-7 预告短视频脚本

总时长		直播主题				
直播内容						
镜号	景别	内容	时长	台词	音乐	其他

知识链接

直播预告的常见形式

短视频预告。通过制作吸引人的短视频，提前展示直播的内容、亮点、嘉宾等信息，引起观众的兴趣及好奇心，让他们更愿意点击观看直播。

图文预告。通过发布含有直播相关信息的海报、图文等形式的预告，吸引观众关注直播活动。这类预告通常会包括直播的主题、时间、地点、嘉宾等关键信息。

社交平台预告。在社交媒体平台上发布直播预告，通过文字、图片、视频等形式，吸引平台上的用户关注和参与直播活动。

邮件预告。通过向订阅用户发送邮件，提前告知直播的时间、主题、嘉宾等信息，提醒他们关注和参与直播。

官方网站或 App 预告。在官方网站或 App 上发布直播预告，通过首页推荐、弹窗提示等方式，提醒访问者或用户关注直播活动。

主播口头预告。在主播的往期直播中，口头预告下一期的直播内容、时间等信息，让观众提前了解并关注。

合作平台预告。与其他平台或博主合作，通过他们的渠道进行直播预告，扩大直播的影响力和受众群体。

直播预告短视频主题类型

直播预告短视频的主题类型有很多，可以根据直播内容和目的的不同，选择不同的主题类型，以吸引观众的注意力。

亮点预告。突出直播活动的亮点和重要内容，让观众提前了解直播的精彩部分，引起他们的兴趣与期待。

嘉宾预告。如果直播中有知名的嘉宾或特邀嘉宾参与，可以制作嘉宾预告短视频，介绍嘉宾的身份和亮点，吸引观众关注。

活动预告。针对某个具体的活动或主题，制作活动预告短视频，提前宣传活动的时间、地点、内容等信息，吸引观众参与。

产品/服务推广预告。针对某个产品或服务，制作产品推广预告短视频，展示产品特点、优势，吸引目标用户关注和购买。

抽奖福利预告。为了吸引更多观众参与直播，可以制作抽奖福利预告短视频，介绍抽奖规则、奖品等信息，提高互动性和参与度。

主播个人预告。针对主播个人特点和魅力，制作主播个人预告短视频，展示主播的风采和魅力，吸引观众关注和支持。

情感营销预告。通过制作具有情感共鸣的预告短视频，引起观众的情感共鸣和共情，让他们更愿意关注和参与直播。

案例阅读

小时新闻联手网红导游“直播+短视频”推介大美甘孜

2022 年 10 月 25—30 日，来自浙江的 20 余位行业专家、金牌导游、网络主播和主流媒体记者，前往甘孜州的各个景区宣传当地的秀美风光和人文历史。他们在全网发布了 43 个关于甘孜州的文旅推介视频，真实记录下甘孜的美丽风景以及浙江对口支援甘孜州各县的生动故事。此外，钱江晚报小时新闻客户端联手“杭州小黑”和胡娜娜，连续推出三场大型旅游专题直播，分别探访了当地著名景区木格措和勒通古镇，并在稻城县记录下中国传统技艺大师、传统戏剧服饰技艺传承人王胜红与国家级非遗项目阿西土陶烧制技艺传承人邓珠的文化碰撞。

截止到 10 月 31 日，主流媒体和网红博主制作的各类视频和直播总播放量超过 2800 万次，点赞量超过 48 万次。

活动指导

如何撰写直播短视频脚本？

直播短视频脚本是指在直播开始前，为了引导直播内容和观众互动，提前准备的一份详细计划和指导文档。它包括直播的主题、时间、流程、环节、嘉宾介绍、互动方式等详细信息，旨在确保直播的顺利进行，提高直播的质量和观众满意度。

以下是直播短视频脚本应包含的内容。

（1）直播主题：明确直播的主题，简洁明了地传递给观众，使他们对直播有初步的了解和期待。

（2）直播时间：告知观众直播的具体开始和结束时间，方便他们安排时间观看。

（3）直播流程：详细规划直播的各个环节，包括开场、嘉宾介绍、互动环节、结束语等，确保直播顺利进行。

（4）嘉宾介绍：如果直播中有嘉宾参与，提前准备好嘉宾的介绍词，包括他们的身份、背景、成就等，提高观众的关注度。

（5）互动环节：设计有趣的互动环节，如问答、抽奖、投票等，提高观众的参与感和互动性。

（6）福利奖品：提前介绍直播中的福利奖品，吸引观众参与互动，提高直播的吸引力。

（7）结束语：准备一段精彩的结束语，总结直播的亮点，感谢观众的参与，争取给观众留下深刻的印象。

（8）主播台词：为主播准备好台词，引导他们按照脚本进行直播，确保直播内容的连贯性和完整性。

（9）应急处理：提前预测可能出现的问题和风险，准备相应的应急处理措施，确保直播的顺利进行。

通过以上对细节的规划，直播短视频脚本可以有效地指导直播的进行，提高直播的质量和观众满意度，同时也为主播和团队成员提供了一个清晰的直播流程和方向。

短视频脚本通常包含以下模块。

（1）引言部分：引言部分用于引起观众的兴趣，吸引他们继续观看视频。可以设计一个引人入胜的开场白或情节，让观众产生兴趣。

（2）主体内容：主体内容包括视频的核心信息或故事情节，主要展示要传达的主题或内容，确保内容有逻辑性和连贯性。

（3）对话/台词：如果短视频包含对话场景，需要准备好各个角色的台词或对话内容，确保表达清晰、生动。

（4）场景描述：对视频中出现的各个场景进行描述，包括摄像机角度、镜头切换等信息，指导拍摄和制作。

（5）音乐/声音效果：如果需要在视频中添加背景音乐或特效音效，在脚本中需要点明何时以及如何使用这些音效。

（6）动作指导：如果视频需要进行特定动作或表演，需要在脚本中详细描述每个人物的动作、表情等细节。

（7）画面要求：描述每个场景所需要展示的画面内容，包括特写、全景、特效等，指导拍摄和后期制作。

（8）字幕/文字内容：如果视频中需要添加字幕或文字说明，需要在脚本中提前设计和准备这些内容。

（9）结尾部分：结尾部分通常包括总结或呼吁性的内容，向观众传达视频的重要信息或号召。

通过这些模块的设定和细化，可以有效指导视频的制作过程，确保视频内容质量和目的的达成。

案例阅读

智能媒体融合的视听传播场景化成为新常态

在视听传播领域，人类的听觉与视觉被全面激活。一方面，视听媒介的陪伴性特征凸显，时空场景融合促进视听内容与用户日常生活形成强联结，网络视频已经覆盖了人们工作与生活的全时段、全场景，而主流媒体也将内容精准匹配到不同时段，使用户与内容形成强联结。调查显示，刷短视频已成为人们的日常行为方式；八成用户在通勤场景中有收听音频的习惯。另一方面，视听媒体平台呈现交错性，以媒介场景融合与互动构建人、媒介、社会的多维融合生态。其中，“短视频+直播”“短视频+电商”“短视频+政务”“短视频+社交”“短视频+知识”等形式出现，双向拓展了传统视听媒体与短视频的功能属性，即从信息功能、娱乐功能转向工具化、知识化与社会化功能。

活动 4.2.2 拍摄与编辑预告短视频

任务总领

有了明确的短视频脚本，就可以开始短视频素材的拍摄和剪辑。拍摄好的短视频素材需要准备拍摄器材，剪辑好的短视频素材需要准备相应的剪辑工具。

小组活动

1. 根据脚本拍摄短视频素材

请根据拍摄脚本，罗列出博文创科技有限公司电商运营团队的“安吉白茶”专场直播预告短视频素材拍摄需要用到的器材。

____

____

____

____

根据所用器材，拍摄短视频素材。

2. 根据脚本编辑短视频

将拍摄的短视频素材处理成符合要求的短视频，需要用哪些工具？请进行网络调研，查找都有哪些视频剪辑工具。

____

____

____

____

____

选择合适的视频剪辑工具，将短视频素材处理成符合要求的直播预告短视频。

知识链接

短视频拍摄设备和器材

短视频拍摄设备和器材对视频的画质和效果有着重要的影响。

（1）摄像机/相机：可以使用专业摄像机或相机进行拍摄。专业摄像机拍摄画质更高，相机则可以根据镜头的选择实现不同效果。

（2）镜头：不同类型的镜头可以实现不同效果，如广角镜头适合拍摄风景、建筑等，定焦镜头适合拍摄人物肖像等。

（3）稳定器：稳定器可以帮助减轻手持拍摄时的抖动，保持画面稳定，提高拍摄视频的质量。

（4）话筒：话筒用于采集声音，不同类型的话筒适合不同环境的拍摄，如有线话筒、无线话筒等。

（5）灯光设备：灯光是拍摄视频时非常重要的因素，可以使用各种灯光设备来照亮拍摄场景，增强画面的视觉效果。

（6）反光板：反光板可以反射光线，调整拍摄场景的光线和阴影，使画面更加明亮和自然。

（7）背景布/背景支架：背景布和背景支架用于营造拍摄场景，提高视频的观赏性，使背景更具美感。

（8）录音设备：除话筒外，使用专业的录音设备可以提高录音效果，保证音频清晰。

以上是一些常用的短视频拍摄设备和器材，根据不同的拍摄需求和预算，选择合适的设备和器材可以帮助提高视频制作的质量和效果。

视频剪辑工具

视频剪辑工具是指用于编辑和制作视频内容的软件或应用程序。

（1）Adobe Premiere Pro：这是一款专业的视频剪辑软件，广泛用于电影、电视节目、广告等领域的视频制作。它提供了丰富的编辑功能，包括剪辑、调色、特效、音频编辑等，支持多种视频格式和分辨率。

（2）Final Cut Pro X：这是苹果公司推出的专业视频剪辑软件，适用于 Mac 用户。它具有直观的用户界面和强大的功能，包括剪辑、调色、特效、音频编辑等，支持多种视频格式和分辨率。

（3）DaVinci Resolve：这是一款集视频剪辑、调色、特效和音频编辑于一体的专业软件。它提供了强大的调色功能和高质量的视频输出，适合专业视频制作。

（4）iMovie：这是苹果公司推出的入门级视频剪辑软件，适用于 Mac 和 iOS 用户。它提供了基本的剪辑、特效和音频编辑功能，适合初学者和家庭用户。

（5）Filmora：这是一款适合初学者和专业用户的视频剪辑软件，提供了丰富的编辑功能和特效，界面直观易用，能满足各种视频制作需求。

（6）CyberLink PowerDirector：这是一款功能强大的视频剪辑软件，提供了丰富的剪辑、特效、调色、音频编辑功能，能满足各种视频制作需求。

（7）Lightworks：这是一款历史悠久的视频剪辑软件，支持多平台使用。它提供了专业的剪辑功能和高质量的视频输出，适合专业视频制作。

（8）HitFilm Express：这是一款免费的入门级视频剪辑软件，提供了基本的剪辑、特效和音频编辑功能，适合初学者和小型视频制作团队。

以上是一些常用的视频剪辑工具，根据不同的需求和技能水平，可以选择合适的工具进行视频制作。这些工具提供了丰富的功能和灵活的编辑选项，可以帮助用户制作出高质量的视频内容。

短视频拍摄技巧

1. 明确拍摄方向：在开始拍摄之前，首先要确定视频要表达的主题和内容，这将指导整个拍摄过程的方向和风格。

2. 掌握运镜手法：推、拉、摇、移、跟等是最基本的运镜手法，无论是使用手机还是专业设备拍摄，运用这些手法可以使视频更具动感和吸引力。

3. 调整合适的快慢速度：根据视频内容的需求，可以适当调整拍摄速度，如使用慢动作来突出某个动作的细节，或者加快速度来创造紧张感。

4. 注意光线和构图：良好的光线是拍摄高质量视频的关键，同时合理的构图能够使画面更加美观和专业。可以使用三分法等构图技巧来提升视觉效果。

5. 保持视频稳定：使用三脚架或防抖工具来确保视频的稳定性，避免手抖导致画面模糊不清。

活动指导

摄影团队的职责与分工

摄影团队通常由多个成员组成，每个成员都有自己特定的职责。以下是一些常见的摄影团队职责与分工。

（1）摄影导演（Photography Director）：负责整个摄影项目的策划和整体把握，包括确定拍摄主题、风格，选定拍摄地点和时间等。摄影导演还需要协调团队成员，确保拍摄工作顺利进行。

（2）摄影师（Photographer）：负责实际的拍摄工作，操作相机、灯光等摄影设备，捕捉最佳的画面。摄影师需要具备良好的审美观和拍摄技巧，能够根据拍摄需求调整相机参数和拍摄角度。

（3）助理摄影师（Assistant Photographer）：协助摄影师进行拍摄，负责准备和调试摄影设备，帮助摄影师拿相机和镜头，以及完成其他与拍摄相关的辅助工作。

（4）灯光师（Lighting Technician）：负责摄影现场的灯光布置和调整，通过合理配置光源和反光板，创造出适宜的拍摄环境，确保拍摄出来的画面光线均匀、自然。

（5）道具师（Props Master）：负责准备和管理拍摄所需的道具，根据拍摄场景和主题，挑选和布置合适的道具，增强画面的氛围和美感。

（6）化妆师（Makeup Artist）：负责为拍摄中的模特或演员化妆，根据拍摄风格和主题，打造合适的妆容和造型。

（7）后期制作（Post-production）：负责对拍摄完成的照片进行后期处理，包括调整色彩、裁剪、添加特效等，以提高照片的质量和视觉效果。

以上是摄影团队中常见的职责与分工，不同的摄影项目可能需要不同的团队成员和职责安排，根据实际情况进行调整。

合理的摄影团队分工具有重要的作用。

（1）提高效率：通过明确每个成员的职责，摄影团队可以更高效地完成拍摄任务。每个成员专注于自己的领域，可以更快地完成准备工作、拍摄和后期制作，从而节省时间和资源。

（2）提升专业性：分工可以使团队成员专注于自己的领域，不断学习和提高自己的技能，从而提高整个团队的拍摄水平。

（3）增强协作：分工可以使团队成员之间更好地协作和配合，共同完成拍摄任务。每个成员都了解其他成员的工作和需求，可以更好地协调和沟通，确保拍摄工作的顺利进行。

（4）优化资源：可以根据团队成员的特长和技能进行合理分工，优化资源配置，提高拍摄效果和效率。

总之，摄影团队分工可以提高团队的协作能力和工作效率，优化资源配置，增强团队的凝聚力和专业性，从而为拍摄任务的顺利完成提供有力保障。

活动 4.2.3 发布预告短视频

任务总领

预告短视频还可以增加社交分享和传播，在相对短暂的时间内吸引更多观众的关注，扩大品牌的影响力。发布预告短视频是一种非常重要的营销策略，可以帮助您更好地提升产品或服务的曝光度和影响力。

小组活动

1. 分析发布平台

登录抖音平台和淘宝平台，分别观看三个以上的不同品类商品的预告短视频，分析不同平台上短视频发布的差异。

2. 投放短视频

请你尝试将博文创科技有限公司电商运营团队的“安吉白茶”专场直播预告短视频投放到抖音平台，完成预告短视频的发布工作，并记录投放过程。

知识链接

短视频发布注意事项

在发布短视频时，有一些注意事项可以帮助您提高视频的质量和吸引力，确保达到预期的效果。

（1）确定受众。在制作短视频之前，首先要明确目标受众是谁，了解他们的兴趣和需求，以便制作出符合他们喜好的内容。

（2）制作精彩内容。短视频的时长有限，因此内容要精彩紧凑，能够吸引观众的注意力并在短时间内传达清晰的信息。

（3）注意视觉效果。短视频是一种视听结合的媒介，因此要注意画面的质量、剪辑的流畅性、配乐的选择等，确保整体效果引人入胜。

（4）保持原创性。避免抄袭他人作品，确保您的短视频内容是原创的，这样才能树立品牌形象和建立观众信任度。

（5）制定发布计划。在发布短视频之前，可以制定一个发布计划，确定最佳的发布时间和平台，以确保视频能够获得更多的曝光和观众互动。

（6）互动与跟踪。发布短视频后，要及时与观众互动，回复评论和私信，了解观众的反馈和意见，有针对性地调整未来的制作和发布策略。

案例阅读

净化短视频生态　守护青年价值航向

近年来，随着网络短视频行业的井喷式发展，刷视频、看直播已成为大众日常休闲、娱乐、购物的重要渠道。不少大学生还直接成为短视频的生产者。这一方面反映了网络文化和大学生的年轻与活力，另一方面也呈现出短视频过度娱乐化的表征，甚至暴露出一些网络乱象，值得高度重视。截至 2023 年 6 月，我国网民规模达 10.79 亿人，其中短视频用户规模 10.26 亿人，用户使用率为 95.2%。这凸显了短视频惊人的增长势头。短视频内容全面、主题多元，并因具有丰富性、快捷性、互动性、新颖性等特点，成为大学生群体学习、生活以及社交的新工具。然而，我们在欣喜于短视频为当代大学生日常生活带来诸多益处时，也应当充分认识到其对大学生价值观的负面影响。

2023 年 12 月 12 日中央网信办开展“清朗·整治短视频信息内容导向不良问题”专项行动，规范短视频平台管理。

活动指导

发布预告短视频的步骤

第一步，明确活动目的。

确定发布预告短视频的活动目的，是宣传即将发布的产品、推广即将举办的活动，还是吸引关注和引发话题等，明确目的有助于确定活动策略。

第二步，策划活动内容。

根据活动目的和受众群体，策划预告短视频的内容，包括文字、画面、音乐等，确保能吸引目标观众的注意力。

第三步，确定发布时间。

选择一个合适的时间发布预告短视频，通常在活动开始前的数天或数周，以便提前引起关注和热度。

第四步，选择合适的平台。

根据受众群体的喜好和活跃度，选择合适的短视频平台发布预告视频，比如抖音、快手、微博等。

第五步，制作高质量视频。

确保预告短视频的制作质量高，画面清晰，音效、音乐流畅，内容吸引人，能够引发共鸣。

第六步，设置互动活动。

在预告短视频中添加互动元素，引导观众留言、转发、@好友等，提高观众的活动参与度。

第七步，配合其他宣传方式。

结合其他宣传方式，比如海报、文字推送、微博话题等，形成多渠道宣传的效果，提高曝光度。

第八步，监测数据和调整策略。

发布预告短视频后，密切关注数据表现，包括播放量、转发量、互动量等，根据数据调整策略，优化活动效果。

抖音短视频发布操作流程

第一步，添加视频。

在抖音“+”入口处，选择已编辑好的短视频。

第二步，编辑视频。

在添加完成后，可以对视频进行简单的编辑，如裁剪、调整速度、添加滤镜等。

第三步，撰写描述。

在编辑完成视频后，需要填写视频描述，简要介绍视频内容或想表达的主题。

第四步，选择封面。

选择一个吸引人的封面图，作为视频封面展示在抖音首页或推荐页面。

第五步，选择发布范围/权限。

可以设定视频的发布范围和权限，如公开或私密，或选择谁可以观看视频。

第六步，添加话题/标签。

为视频添加合适的话题或标签，能够提高视频曝光度并方便用户搜索发现。

第七步，发布视频。

填写完所有信息后，点击“发布”按钮即可将视频上传到抖音，等待审核通过后即可在抖音上显示。

第八步，分享至其他平台。

发布完成后，还可以选择将视频分享至其他社交平台，扩大视频的影响力。

【任务评价与反思】

根据考核内容，学生完成自我小结并进行自评打分。教师根据学生活动情况进行点评并完成教师打分。按照“自评分 20%+互评分 30%+专业教师评分 50%”的方式计算得分，见表 4-8。

表 4-8　任务综合评价表

班级：　　　　　　　　　　　　姓名：

项目四：任务二　直播预告设置							
序号	评价项目	测评标准	分值	自评 20%	互评 30%	教师 50%	得分
1	策划预告短视频	能根据平台要求，选择合适的直播预告形式；能策划预告短视频脚本	40				
2	拍摄与编辑预告短视频	能根据平台要求，运用剪辑工具，制作符合直播主题的短视频	40				
3	发布预告短视频	能根据直播平台规则，发布直播预告短视频，预热直播	20				
合计			100				

任务三　直播工具引流

任务目标

知识目标：1. 了解直播间的流量来源。

2. 了解直播 DOU+引流工具的特点以及投放方式。

3. 了解直播 Feed 流引流工具的特点以及投放方式。

技能目标：1. 能根据直播需求，选择合适的直播引流策略，制定直播引流方案。

2. 能够针对直播间的不同需求，准确合理地进行 DOU+投放。

3. 能够针对直播间的不同需求，准确合理地进行 Feed 流投放。

思政目标：1. 培养团队合作精神，能分工完成直播引流方案的制定。

2. 培养实事求是的职业素养，能选择合适的直播付费推广工具。

任务描述

直播运营经理小王：最近我们的直播间流量好不稳定啊，有没有什么办法可以增加人气？

直播编导小赵：是的，现在网络直播正处于爆发期，越来越多的商家开始把握直播带货的风口了。我们可以尝试通过直播引流来增加人气。

直播运营经理小王：直播引流？那是什么？

直播编导小赵：直播引流是指通过一些策略和手段，吸引更多的观众进入我们的直播间。这样可以增加我们的粉丝数量，提高直播间的活跃度。我们可以利用社交媒体平台进行宣传，比如在微博、微信等平台上发布直播预告，吸引粉丝关注我们的直播。当然，我们还可以通过与其他主播或网红进行合作，互相推荐对方的直播间，提高我们的曝光度。

直播运营经理小王：这个主意不错！直播引流还有其他作用吗？

直播编导小赵：是的，除了涨粉，直播引流还可以帮助我们变现和推荐商品卖货。我们可以在直播中展示真实的动态，与粉丝进行深层次的交流，比如直接语音对话、实时互动等，让粉丝感受到更真实的自我。

直播运营经理小王：这样可以让粉丝更好地了解我们，也能提高他们的参与感。

直播编导小赵：是的，通过这样的“零距离”接触，我们可以更好地与粉丝建立联系，提高他们对我们的忠诚度。

直播运营经理小王：那我们现在就开始尝试直播引流吧！希望能帮助博文创科技有限公司电商运营团队增加直播间人气。

任务分析

直播引流相关任务见表 4-9。

表 4-9　任务单

任务	直播工具引流	
子任务	制定直播引流方案	付费推广
活动形式	3~4 人小组	3~4 人小组
活动要求	通过学习，掌握直播间的流量来源，选择合适的直播引流策略，制定直播引流方案	通过学习，了解引流工具的特点以及投放方式，能准确合理地进行投放
岗位标准	准确地分析出直播间流量的来源，能策划出最优的直播引流方案	掌握引流工具的特点以及投放方式；针对直播间的不同需求，准确合理地进行引流工具的投放
活动编号	活动 4. 3. 1	活动 4. 3. 2

任务实施

活动 4.3.1　制定直播引流方案

任务总领

制定直播引流方案关乎直播的曝光度与参与度，是吸引潜在观众、扩大影响力的关键。有效的引流能精准定位目标受众，提升直播观看人数，增强互动氛围。通过多渠道、多形式的宣传，构建强大的宣传网络，将直播信息传递给更多潜在用户。因此，精心制定并实施直播引流方案是确保直播成功、提升品牌影响力的必由之路。

小组活动

1. 认识直播引流

直播引流是通过各种手段吸引潜在观众进入直播间观看直播的过程。它对于提高品牌影响力和知名度至关重要，同时它也是提升收益的关键因素。其主要目的是提高直播的曝光率和转化率，即吸引更多的观众进入直播间并促使他们进行互动或购买。

请你结合自身体验实际，分享一下淘宝、抖音两个平台各自运用了哪些营销工具进行直播推广，它们有哪些优势。

淘宝推广的营销工具及优势：____

____

____

____

抖音推广的营销工具及优势：____

____

____

____

2. 直播引流方案设计

博文创科技有限公司现与一家专注于有机食品和健康饮食的中小型企业合作，销售天然蜂蜜、有机茶叶、健康零食等产品。公司计划开展一系列直播活动来提高品牌知名度，增加与顾客的互动，并最终提升产品销量。你被聘为营销顾问，负责设计一份旨在吸引新客户和维系老客户的直播引流方案。

要求：

（1）描述你会如何利用各种社交媒体平台进行预热宣传，至少包括三种不同的策略。

（2）提出在直播中可以采用的两种互动方式，以促进观众参与和增强用户黏性。

（3）列出至少三种激励措施，鼓励观众在直播期间进行购买。

（4）说明如何评估此次直播引流方案的效果，提供至少两个评估指标。

可将以上相关结果填入表 4-10。

表 4-10　直播引流方案设计内容

社交媒体预热宣传策略	
策略一	
策略二	
策略三	
直播互动方式	
方式一	
方式二	
直播激励措施	
措施一	
措施二	
措施三	
直播效果评估指标	
指标一	
指标二	

（5）请你根据上述要求，详细规划一份针对“健康美味”公司的直播引流方案，并书写你的策划思路。

知识链接

直播间流量从何而来呢？其构成见图 4-2。

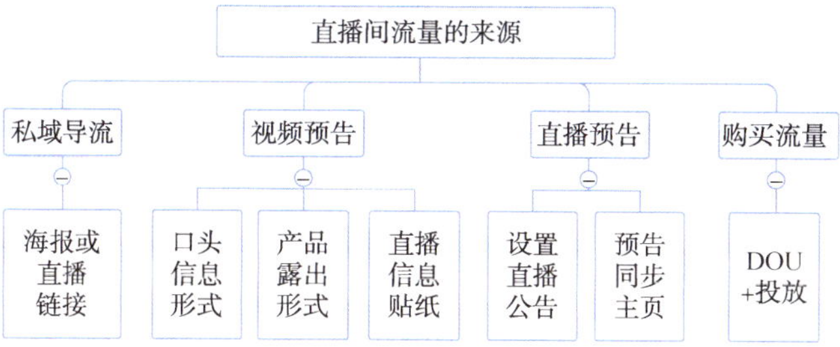

图 4-2　直播间流量来源

1. 流量提升思路

长期：加快粉丝增长速度与提高粉丝增长效率，提升活跃度，增强黏性，减少粉丝流失。

单场：拓展流量来源渠道，提高流量留存率。

2. 公域池增量小技巧

（1）直播间话题；

（2）直播间介绍；

（3）同城功能；

（4）直播间名称；

（5）直播封面；

（6）短视频；

（7）账号名称；

（8）开播时间与时长；

（9）粉丝团与粉丝群。

3. 直播间话题

简介：添加话题标签，当用户搜索相关词语或者浏览该话题页面时，直播间内容会显示在信息流页面。

效果：有机会将话题流量引进直播间，带来免费的公域流量。

小技巧：

（1）选择与自己产品相符合关键词的外延热门话题(如鞋服类的#鞋服穿搭、#服饰搭配、#时尚女装等)；

（2）选择当下平台热门的话题，可以是热门社会事件、营销节点等(如 3 月份的#抖音女王节，11 月份的#双十一)；

（3）选择目标用户可能搜索的内容(如健身服选择话题#健身)。

4. 同城功能

简介：在开启直播时选择开启定位，当用户点开“同城”页面，直播间的实时内容会显示在信息流页面。

效果：有机会将本地流量引进直播间，带来免费的公域流量。

小技巧：目前同城页面中，直播间的展示方式以直播间画面为主，提升直播间的热闹抢购氛围，能够更好地吸引用户进入直播间。

5. 直播封面

简介：在直播广场中出现，作为直播间入口图。

效果：好的封面有助于在直播广场中脱颖而出，吸引公域流量的进入。

小技巧：

（1）本场直播福利较大/有主题活动——根据活动、福利内容制作封面；

（2）本场直播有驻场嘉宾/飞行嘉宾/明星/达人——将明星/达人/嘉宾照片作为封面；

（3）普通直播间可将商品图片/门店展示图/主播形象作为封面。

6. 账号名称

简介：用户抖音账号的名称信息。

效果：用户搜索相关内容时，对应账户将出现在搜索页面，有助于在直播广场吸引用户进入，有助于直播预告吸引自然流量准时观看。

小技巧：

（1）店铺名+售卖品类+直播时间，如某店铺每晚 7 点直播；

（2）店铺名+直播内容预告（活动/节日）。

7. 直播间介绍

简介：用户进入直播间后评论区显示的信息，可自定义。

效果：有助于引导新用户关注/下单/评论等，提升直播间的活跃度、转粉率以及 GMV。

小技巧：

（1）引导用户关注：关注我，提前锁定更多优惠/每周××直播，关注我不迷路；

（2）引导用户下单：戳下方小黄车，发现更多好物/嗨抢中，小黄车等你翻；

（3）引导用户评论：不知道拍什么尺码，身高体重报公屏上。

8. 直播间名称

简介：展示于直播广场各个用户昵称下方的内容。

效果：有助于引入自然流量，当用户看到感兴趣的品牌/内容时，有概率被吸引进入直播间。

小技巧：

（1）相较于用户昵称，直播间名称在直播广场的显示比例较大；

（2）将店铺名写入直播间名称：×××（店铺名）正在直播；

（3）将店铺名+营销活动写入直播间名称：×××（店铺名）新年大促/×××（店铺名）王炸专场/×××（店铺名）特价活动/×××（店铺名）全场7折起；

（4）直播间名称露出有限，尽可能将重要信息放在前7~8个字中。

9. 短视频

简介：展示于抖音用户推荐信息流中的短视频。

效果：有助于吸引公域流量，直播预告与直播进行时的流量引入。

小技巧：

（1）尚未开播时，可发布带有直播间内容和时间预告的短视频，通过优惠、减价或者好物吸引用户，并在短视频/文案中引导用户点击关注，准时观看直播间；

（2）在开播过程中，可发布直播间现场的剪辑视频或者直播间商品展示的视频，通过优惠、减价或者好物吸引用户，并在短视频/文案中引导用户点击头像进入直播间，观看直播。

10. 开播时间与时长

简介：每次开播的时间段以及开播的时间总长。

效果：有助于公域流量与私域流量的引入。

小技巧：

（1）根据账号的粉丝画像来判断目标群体的活跃时间段，依次调整开播时间段，有助于尽可能多地引入目标群体；

（2）根据自身条件，尽可能延长开播时间。较长的开播时间有助于计划充分跑量，度过冷启动期，引入商域流量，也有助于系统给予流量扶持，引入自然流量。

11. 粉丝团与粉丝群

简介：粉丝团是粉丝和心仪主播的专属组织，用户需要付1抖币才能加入。粉丝群是一个商家在抖音内进行社群运营的工具。

效果：粉丝群可以帮商家完成粉丝的聚拢，让信息更精细化地定向触达，增强粉丝的黏性，提高粉丝品牌好感度和复购率。

小技巧：

（1）建群：依据不同品类建立不同的子群，初期可只建立一个总群，后期慢慢进行分发；

（2）引流：在群内进行开播提醒，对开播内容/优惠进行预告，吸引粉丝进入直播间观看（图4-3）；

（3）留客转化：直播前发放优惠券，吸引粉丝进入直播间下单购买，同时可以与粉丝进行互动，了解粉丝偏好，精准定制商品款式，提高复购率。

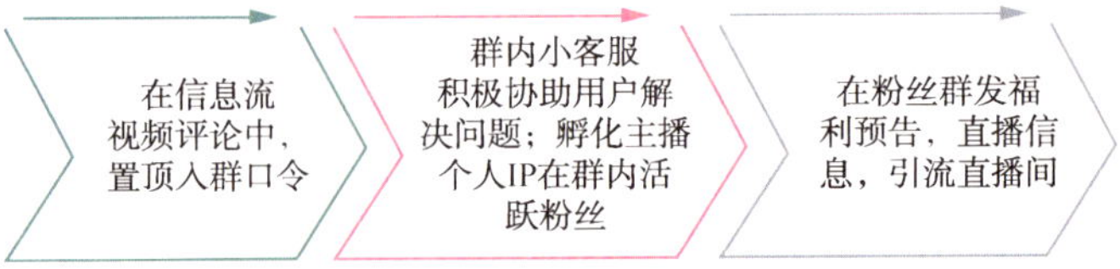

图 4-3　粉丝团与粉丝群引流技巧

案例阅读

2023 年 2 月 24 日下午，在河南省焦作市修武县总工会举办的“中国梦 · 劳动美 · 工会促消费 · 劳模在行动”劳模专场直播活动中，该县 2 名劳模代表变身“带货”主播，讲述劳模故事，宣传特色农产品，用实际行动助力全县“促消费增长，实现首季‘开门红’”专项活动。

参加此次直播的是市级劳模李国顺和县级劳模闫亮，他们结合自身工作经历，用朴实生动的语言，讲述各自在平凡的工作岗位上艰苦奋斗、勇于创新、甘于奉献的感人事迹。同时，他们还围绕修武特产五里源“丑鸭松花蛋”的历史文化、制作工艺、产品特色、市场前景等进行了精彩直播。直播期间，点赞关注量达 2 万人次。

活动指导

直播引流策略

如何获得更多的流量呢？上热门或热搜就是一种不错的引流方式(图 4-4)。

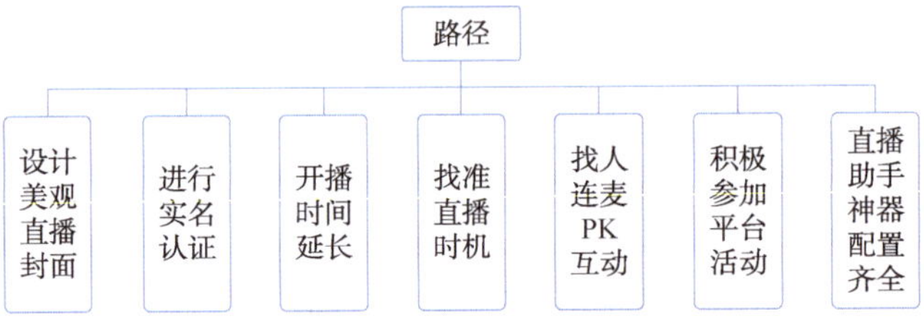

图 4-4　直播上热门或热搜路径

1. 福袋

简介：直播间内礼物。

效果：提升直播间用户停留时长，吸引进入直播间的新用户转化为粉丝，提升直播间活跃度。

小技巧：

(1) 准备有吸引力的实物，主播进行引导：点击左上方福袋参与抽奖；

(2) 将福袋参与范围设置成“仅粉丝团”，参与条件可设置为评论“××”，引导用户评论，提升直播间活跃度；

（3）设置福袋评论内容——引导用户下单：拍到了/已拍，安排优先发货；拉升非粉好感度：今天优惠力度太大了。

注意事项：

（1）一次福袋发放的奖励价值不得高于 5 万元；

（2）奖品名一定要非常具体，写明“××东西”；

（3）福袋的审核时间约为 3min，审核通过后直播间才会出现福袋；

（4）自定义福袋支持发放自定义奖品，由主播发起时填写奖品名称即可，10 万粉以上自动开启。

2. 优惠券

简介：展示于直播间的左上角，由商家发放，用户领取后可用于商品购买时的优惠减价。

效果：有助于粉丝转化，促成商品下单，延长用户停留时间，提升直播间活跃度。

小技巧：

（1）在开播阶段发放大量小额的针对非粉丝的优惠券，设置条件为“直播间粉丝可领取”，主播进行话术引导，帮助直播间转粉率的提升，增加私域流量；

（2）在节日/活动营销期间，发放较大面额的无门槛优惠券，促成直播间内观众的成交，提升当场直播的 GMV。

3. 红包

简介：展示于直播间的左上角，可发放抖币红包或礼物红包，红包可设置为延时领取，用户领取后可获得相应的抖币或礼物。淘宝直播间可设置红包雨，关注主播后即可抢红包。

效果：增加用户停留时长，有助于引入自然流量。

小技巧：

（1）在开播阶段发放红包，红包标识呈现于直播广场，有助于自然流量的进入；

（2）在引流阶段流量大量引入时发放红包，有助于增加直播间内用户的停留时间；

（3）当流量大量流失时发放红包，例如推荐一些客单价较高的品类时，可使用红包留存用户。

4. 直播间贴片

简介：展示在直播间内的静态图片。

效果：美化直播间，帮助用户解决直播间常见问题，提升直播间用户留存率。

小技巧：

（1）将福利制成贴片作为预告，增加用户停留时间(如×点抽奖)；

（2）标注常用资讯(优惠、规格、尺码等)，帮助观众快速了解购物信息，提升用户直播间内体验，促成下单；

(3) 将客户权益制成贴片(7 天无理由退换货、赠送运费险等)，提升用户的下单信心。

5. 氛围营造

简介：直播间内的氛围由直播现场与评论区两部分组成。

效果：亲切热闹的氛围有助于贴近用户，给予用户陪伴感，营造紧张的抢购氛围有助于促成观众下单。

小技巧：

(1) 直播间营造亲切感。主播对新进直播间的用户表示欢迎，对下单、送礼物的用户表示感谢。

(2) 直播间营造热闹感。助播可与主播进行互动，补充主播未说明的内容，帮助主播回答评论区问题，避免直播间内只有主播一人的声音显得过于冷清；评论区可由专人营造热闹感，例如提问商品问题，评论已下单，营造出直播间内人多、购买意愿强的现象。

(3) 直播间营造紧张抢购的氛围。运营可实时播报后台库存，营造出抢购的氛围；主播与其他工作人员可对后台库存进行重复播报，提示观众。

(4) 直播间单次上架商品库存可少于理想转化数，用户购买至剩下个位数库存，后台播报库存剩余量，营造抢购氛围。

(5) 直播间内后台可与主播配合，一唱一和，提升直播间的热闹氛围。如主播提问好不好看，后台齐声回答好看。

(6) 可适当加入有节奏感的 BGM，营造热闹感。

6. 促销

简介：促销指的是直播间内主播或其他成员提醒用户抓紧下单并付款。

效果：有助于促成用户下单，实现转化，提升总体 GMV。

小技巧：

(1) 通过时间节点提醒用户付款成单，例如即将下播，未付款的抓紧付款；即将过品，还没有下单的抓紧下单，商品过品了就要调整回划线价了；

(2) 主播提醒直播间内的优惠(如优惠券、第二件半价等)，提示仅限本场优惠力度大，引导观众抓紧下单，错过了就没有这么大的优惠了；

(3) 主播/后台提示观众库存有限或仅剩××件，抓紧下单付款。

案例阅读

在互联网和短视频时代，不少人成了“直播达人”。有些大 V 直播靠看似普通但是有生活气息的消费场景或者生活场景吸引众多关注和打赏。一些经营者则通过在短视频平台直播提供服务过程或者经营场所的实时画面来吸引关注、提高销量。但是，凡视频内容涉及消费者或路人隐私、肖像等权益的，拍摄者不能未经当事人许可而随意直播。

根据《中华人民共和国民法典》，未经肖像权人同意，不得制作、使用、公开肖像权人的肖像；为实施新闻报道、维护公共利益或者肖像权人合法权益等经法律法规许可的特定事由的，可以不经同意而合理使用肖像权人的肖像。《中华人民共和国消费者权益保护法》规定，消费者在购买、使用商品和接受服务时，人格尊严应受到尊重，个人信息应得到保护。

活动 4.3.2 付费推广

任务总领

付费推广在现代营销中占据重要地位。它能快速扩大品牌曝光，精准触达目标受众，有效提升产品或服务的知名度与影响力。通过专业的广告平台与数据分析，付费推广能够精准定位潜在消费者，实现高效转化。尤其在竞争激烈的市场环境下，付费推广成为企业突破重围、抢占市场份额的重要手段。因此，合理投入资源进行付费推广，对于企业的持续发展与市场拓展具有重要意义。

小组活动

1. 认识付费推广

付费推广是指通过支付一定费用，在各种媒体平台上进行的广告宣传活动。它可以帮助品牌、产品或服务快速到达目标受众，并在短时间内提高知名度和销量。付费推广形式有很多种，如 Google AdWords 或百度推广，当用户在搜索引擎上输入特定关键词时，相关广告将出现在搜索结果的顶部或底部；赞助或购买与内容相关的广告位，在文章、博客或论坛中投放品牌信息等等。

请自主选择两个电商直播平台，找找它们分别运用了哪些付费推广工具，并简述其作用，相关内容可填写至表 4-11。

表 4-11 平台付费推广工具分析

平台 1		平台 2	
平台名称		平台名称	
付费推广工具		付费推广工具	
付费推广工具的作用		付费推广工具的作用	

2. 抖音付费推广方案设计

博文创科技有限公司近期开创了一个时尚环保服饰的新兴品牌，旨在通过可持续的方式为年轻消费者提供潮流服装。考虑到抖音的高用户活跃度和目标受众群体（18~30 岁的年轻人），品牌决定利用这一平台进行付费推广，以提升品牌知名度、吸引潜在顾客，并最终提高在线销售额。

作为博文创科技有限公司的数字营销经理，你需要制定一项适合抖音平台的付费推广方案。请根据以下要求，撰写一份表 4-12 所示的包含推广目标、目标受众定位、广告内容创意、预算分配及效果评估的计划书。

方案设计要求：

（1）明确推广活动的目标，并说明为什么这些目标对提升品牌影响至关重要。

（2）描述如何定位目标受众，并解释选择该受众的理由。

（3）提出至少三种适合抖音平台的广告内容创意，并阐述每种创意如何吸引目标受众。

（4）建议如何合理分配有限的预算，并说明预算分配的逻辑。

（5）确定至少两个关键指标来衡量推广活动的成功与否，并解释这些指标的选择依据。

表 4-12 抖音平台付费推广计划书

博文创科技有限公司抖音平台付费推广计划
推广目标：
目标受众定位：
广告内容创意：
预算分配：
效果评估：

知识链接

DOU+介绍

1. 认识 DOU+

1）DOU+的概念

DOU+是抖音内容加热和营销推广工具。

2）产品形态

根据用户是否有广告营销诉求，区分为 2 种产品形态，分别为内容加热和广告推广。

内容加热（普适账号）：针对原生内容场景，快速为用户获取抖音流量；

广告推广（账号升级）：针对部分特定的场景，完成账号升级入驻的用户，支持广告投放。

3）适用群体

内容加热：所有注册抖音的用户均可使用；

广告推广：个人网店用户（实名认证）、企业用户。

4）DOU+流量特点

推广力度由弱到强：广泛兴趣人群、兴趣人群、活跃兴趣人群、粉丝（必见）。

2. 直播间 DOU+投放方式

1）直播间带货

把直播间推送给那些在直播间买过东西的粉丝，适合直播带货的主播。

2）直播间人气

提升直播间的人气，适合想提高直播人气的主播。

3）直播间涨粉

推送给喜欢在直播间关注别人的粉丝，适合想涨精准直播粉的主播。

4）智能推荐

参考视频 DOU+的自定义推送。

5）直接加热直播间

把直播间推送在粉丝的视频流中。

6）选择视频加热直播间

加热视频，把视频推送给粉丝，这时候粉丝可以通过呼吸灯进入主播直播间。

Feed 流介绍

1. 认识 Feed 流

1）Feed 流特点

实时竞价原则，不同时段所需的展现花费不同；

需要根据直播间的实时状态来人为控制花费及出价；

人群越精准，出价则越高；

较适合成长期及爆发期直播间投放。

2）Feed 流四大转化模型

直播间观看：新号权重低可以投放，一般不建议。投放难度：低；

直播间停留：新号建议投放，拉长直播间停留时间。投放难度：中；

购物车点击：新号建议投放，提高直播间商品点击率。投放难度：中；

直播间成单：成熟账号投放，直接增加精准成交用户数量。投放难度：高。

3）抖音带货直播间流量池大概等级

第一级<20 人，要关注、停留、互动；

第二级 30~50 人，停留时间、转化率；

第三级 60~100 人，当场带货可以过万；

第四级 120~160 人，重点指标转化率；

第五级 200~400 人，当场带货过十万；

第六级 500~1000 人，重点指标 GMV，UV 值；

第七级 1200~2500 人，单场带货过百万；

第八级一万人以上，全站推荐。

2. Feed 流投放模式

1）投放模式：波浪式模型（图 4-5）

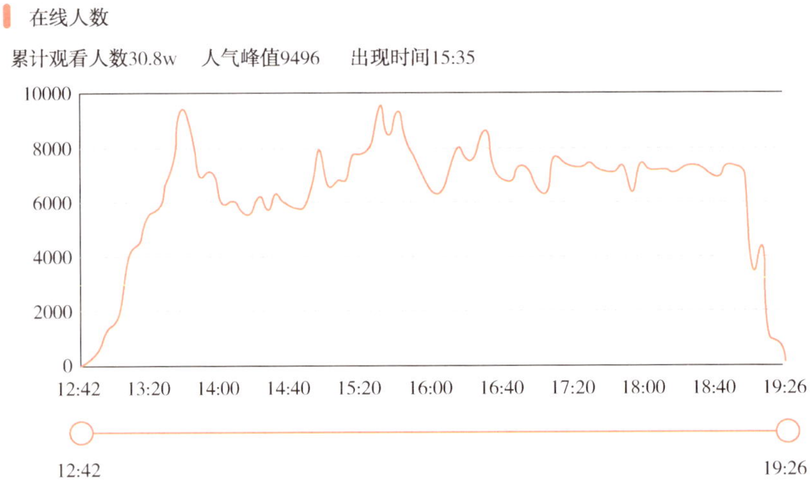

图 4-5　波浪式模型（数据来源：蝉妈妈）

适合直播前期，预算有限，烧烧停停，可控性。

2）投放模式：上陡坡下缓坡模型（图 4-6）

适合大资金投放，头部达人、品牌专场，优先放量。

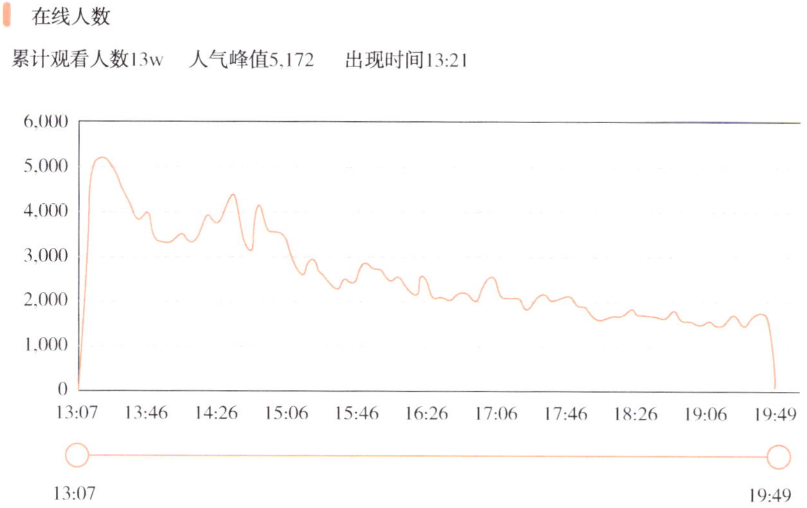

图 4-6　上陡坡下缓坡模型（数据来源：蝉妈妈）

案例阅读

抖音在 2021 年举办了“夏日歌会”活动，邀请了多位明星进行线上演唱会。这些直播活动采用了付费观看的模式，例如单人观看知名歌手直播需要付费 30 元。这一活动吸引了大量观众，例如知名大提琴演奏家的一场直播吸引了 750 万人观看。

直播付费推广已经成为品牌和个人在社交媒体上获得更多关注和参与的重要手段。无论是通过平台的付费投放功能来增加直播间的观众数量，还是通过付费观看明星演唱会来吸引粉丝，或是通过合约投放来获得大量曝光，这些方式都展示了直播付费推广的多样性和潜力。随着直播行业的不断发展，预计未来会出现更多创新的付费推广方式，为品牌和个人提供更多的选择和机会。

活动指导

DOU+投放实战技巧

1. 精准定向人群投放

当产品转化率较高时，缩小投放人群，精准投放。

2. 投放达人相似

拉正直播间标签。

3. 系统智能推荐

产品表现好，可以扩大曝光范围。

4. 多批次大金额投放

500 元起投，时长 1~2 小时。

新账号建议：带货投 500 元，直播间人气投 200 元，观众互动投 100 元，涨粉投 100 元。

Feed 流投放策略解析

1. 投放策略一

1）提前计划，做好人群分析

Feed 流计划最好在直播开始前的 1~2 个小时内建立好，投放计划有缓冲期。

2）点击单价实时变化

计划过了学习期，出现“保”赔字，说明计划已经投放出去了，出价高并不代表扣费高。

3）前面 30 分钟，撬动直播广场流量池子

如果预算充足，历史转化好，可以做第 2 个投放模型。

4）降低出价和消耗

实时观察数据，如果一个计划预算消耗很快，可以直接把这个计划复制一下，把出价降低。

5）控制直播间人数

实时观察直播间在线人数，如果人数稳定，可以不增加预算，如果发现人数有所下降，比如从 500 人下降到 300 人左右，要么提前 15 分钟增加预算，要么复制计划新建一下。

投放策略一示例见图 4-7。

消耗	出价(元)	直播间订单...
18088.36		76595.00
1761.08	40.99	10963.00
597.57	2.50	597.00
1200.00	2.50	2228.00
6000.00	1.94	17392.00
4993.45	2.68	26178.00
3536.26	2.68	19237.00

图 4-7　投放策略一

2. 投放策略二

1）调整出价

选择优质的计划，增加预算或者复制计划，增加出价。将直播间的消耗和订单金额作为参考标准。计划消耗限额到 60% 的时候，实际已经消耗到 80% 以上，要及时增加预算，见图 4-8。

消耗	直播间订单金额	直播间订单量	出价(元)	计划预算(元)
3047.50	33249.00	136		
102.49	3399.00	11	1.88	500.00
712.94	11872.00	45	33.33	1000.00
304.26	696.00	4	1.58	1000.00
330.58	1293.00	7	2.88	1000.00
194.34	596.00	4	2.88	1000.00
307.89	7209.00	30	33.33	1000.00
501.23	5278.00	21	1.18	1000.00
273.21	1812.00	8	2.88	1000.00

图 4-8　投放策略二

2）选择优质的计划，增加预算或复制计划，增加出价

早上 5：00~7：30 是黄金开播时间，在此时间段快速测出好的计划，当天复制一直跑。

3）要提高转化，承接住暴增流量

流量猛涨，此时一定要想办法把这些流量转化，用福利款提升停留和转化率，如果主播能力不够，流量会快速下滑。

4）按人群分计划

如果人群是男女都有占比份额，可以尝试分开创建男性、女性、不限等不同计划去测。

5）8 点之前度过学习期

如果是 24 小时直播，凌晨设置低出价的成单计划，在上午 8 点之前度过学习期。

【任务评价与反思】

根据考核内容，学生完成自我小结并进行自评打分。教师根据学生活动情况进行点评并完成教师打分。按照"自评分 20%+互评分 30%+专业教师评分 50%"的方式计算得分，见表 4-13。

表 4-13 任务综合评价表

班级： 姓名：

项目四：任务三 直播工具引流							
序号	评价项目	测评标准	分值	自评 20%	互评 30%	教师 50%	得分
1	制定直播引流方案	准确地分析出直播间流量的来源，能策划出最优的直播引流方案	50				
2	付费推广	掌握引流工具的特点以及投放方式；针对直播间的不同需求，准确合理地进行引流工具的投放	50				
合计			100				

【任务拓展】

在做好直播数据分析的同时，实用的工具也必不可少。DOU+直播间加热是为抖音主播提供的直播间加热工具，能够提高热度和曝光率，从而吸引更多用户进入直播间。所有人都可以进行直播投放，博文创科技有限公司电商团队也想通过 DOU+来给直播间加热。

思考一下，博文创科技有限公司在什么情况下可以使用 DOU+直播间加热功能？

【综合练习】

1. 直播引流在手机 App 推广中有哪些应用场景？
2. 在直播引流的过程中，如何提高转化率？
3. 在直播引流过程中，如何吸引观众的注意力并保持他们的参与度？
4. 请解释一下直播引流和 KOL(Key Opinion Leader，关键意见领袖)的关系。
5. 请分享一个你认为比较成功的直播引流案例。

项目五

直播销售

【项目概述】

直播运营经理小王：直播销售的内容大致可以分为三个部分，直播暖场部分、直播解说部分和直播互动部分。

直播编导小赵：是的，王经理。那我们现在进入直播销售的阶段了吧？

直播运营经理小王：是的。直播销售在直播电商中扮演着重要的角色，它对于整个交易过程具有重要的意义。直播销售通过视频、互动等形式直观展示产品特性、使用场景，提高消费者对产品的了解和信任感，从而提高购买欲望和转化率。直播销售实现了实时互动，可以即时回答消费者问题、提供个性化建议，提升购物体验和满意度。此外，直播销售过程中主播能够借助性格魅力和产品知识吸引观众，建立品牌形象，提升粉丝忠诚度。最重要的是，直播销售环节可以通过监测数据分析消费者行为和反馈，及时调整营销策略和产品推广方案，提升销售效果和竞争优势。我们博文创科技有限公司将开展 HH 五一期间的文旅直播带货销售。

直播编导小赵：好的，王经理。接下来我们团队将做好直播销售环节的工作，努力提高交易成功率、优化购物体验，推动我们公司电商业务发展的关键步伐。

【项目分析】

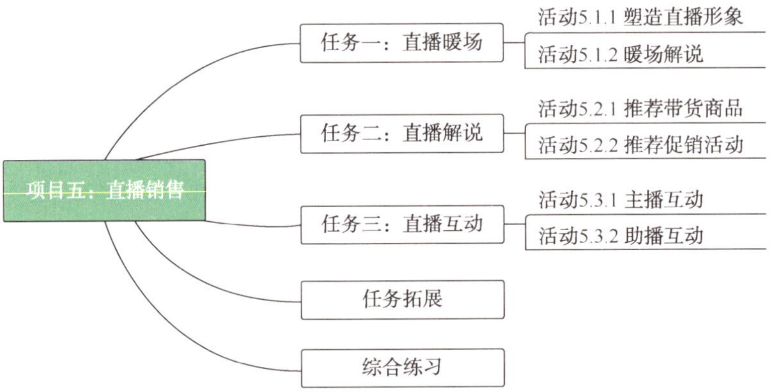

图 5-1　项目五思维导图

任务一 直播暖场

任务目标

知识目标：1. 掌握直播人设的概念及人设定位的相关维度。
2. 掌握直播开场话术的常用方法。
3. 掌握常见的直播状况和相对应的措施。

技能目标：1. 能根据商品属性和用户定位，确定主播妆容、塑造主播人设。
2. 能根据直播脚本，提炼暖场解说要素，设计暖场话术。
3. 能运用直播话术和技巧实施直播暖场。

思政目标：1. 提升良好的审美意识，能进行直播形象塑造。
2. 培养良好的信息素养，能进行暖场脚本的提炼。

任务描述

直播运营经理小王：嗨，赵编导，我们 HH 旅游文创主题直播前期准备工作已经到位。

直播编导小赵：好的，王经理，在小美他们正式走上直播台之前，我们团队会共同做好暖场工作的。

直播运营经理小王：没错，所以大家要集思广益、齐心协力，打造直播妆容，设计暖场话术，帮助他们实现从新手主播到合格主播的转型。

直播编导小赵：是的，根据直播要求进行直播妆容打造是必须的，但同时也要考虑服装和妆容与直播产品风格的一致性。我们要考虑展示效果，也要考虑用户审美需求。

直播运营经理小王：你说得非常对。暖场话术也是非常重要的一环，能够帮助我们建立和观众之间的联系，激发他们的购买欲望。我们要设计一些符合传统文化特色的、能引起共鸣的话术。

直播编导小赵：是的，我们可以根据直播产品特点设计一些暖场话术，比如介绍丝绸服饰的历史和文化背景，再结合一些有趣的互动环节，让观众更好地了解产品。

直播运营经理小王：非常棒！我们一定要帮助主播们建立自信，让他们在直播中表现得更好。希望我们能够通过这次任务的学习，帮助他们成功转型为合格的主播。

直播编导小赵：没错，我也相信他们能够做得很好！让我们一起努力吧！

希望你通过本任务的学习，能够根据直播要求进行直播妆容准备，并根据要求设计暖场话术，帮助主播们从新手主播转型为合格主播。

任务分析

在直播电商中，主播和助播的直播暖场任务非常重要，可以帮助吸引观众、提升直播质量和增加销量，相关任务见表 5-1。

表 5-1　任务单

任务	直播暖场	
子任务	塑造直播形象	暖场解说
活动形式	2 人小组	2 人小组
活动要求	通过学习，了解主播仪容仪表，撰写主播人设塑造方案，完成主播形象塑造的活动任务	通过熟悉直播脚本，设计暖场话术，完成主播和助播暖场解说的活动任务
岗位标准	能根据商品属性和用户定位，确定匹配的主播，确定主播和助播的服饰、妆容	能根据直播脚本，提炼暖场解说要素，设计富有感染力的暖场话术，并营造话术氛围，实施直播暖场
活动编号	活动 5. 1. 1	活动 5. 1. 2

任务实施

活动 5. 1. 1　塑造直播形象

任务总领

塑造直播形象在直播电商中具有至关重要的意义。首先，直播形象是消费者对主播和品牌的初步印象，良好的形象可以提升观众的信任感和好感度，提高品牌知名度和影响力。其次，直播形象反映了主播的专业素养和品牌价值观，对于消费者决策和品牌形象塑造具有重要影响。最后，塑造直播形象不仅能够提升品牌知名度和影响力，还能增强观众参与感和信任感，促进销售转化率的提升和长期发展。

小组活动

1. 主播装饰仪容仪表分析

登录抖音直播平台，选择两个人气差别比较大的销售丝绸的直播间进行观看，小组合作，交流两个主播的仪容仪表特色。并结合实际体会，明确主播的仪容仪表要求，进行直播妆容打造，分析结果可填至表 5–2。

表 5–2　对比分析表

直播间 1		直播间 2
直播间名称：	VS	直播间名称：
直播人气：		直播人气：
主播仪容仪表特色：		主播仪容仪表特色：
我的感悟：		

2. 直播人设塑造

直播人设塑造的重要性在于它直接影响着主播在观众心目中的形象和认可度。通过精心打造的人设，主播可以树立自身独特的个人品牌形象，增强观众对其的好感和信任度，提升品牌忠诚度和口碑传播效果。良好的人设不仅能够吸引更多观众关注和参与，还能够促使观众积极互动、购买产品，实现直播电商的商业目标。因此，主播在直播过程中应该注重人设的打造，塑造正面形象，与观众建立良好的互动关系。

以小组为单位，根据店铺特色、直播商品、人群定位等因素，为博文创科技有限公司的主播人设塑造提供方案。填写表 5–3。

表 5–3　直播电商公司直播人设塑造方案

乐在直播电商公司直播人设塑造方案
主播人设定位：
主播仪容仪表规划：
主播人设塑造方法：

知识链接

主播妆容设计

主播妆容设计在直播电商中具有重要意义。首先，合适的妆容可以提升主播的形象气质，让观众在视觉上感受到专业、自信和亲切，从而增强信任感和好感度。其次，妆容对于主播的情感表达和角色塑造也具有重要作用，能够帮助主播更好地传递情感和展示产品。因此主播应注重妆容设计，使之与自身特点和直播内容相匹配，为观众带来更好的视觉体验。

主播妆容设计原则：

简约自然。妆容应以简约自然为主，避免过浓或过艳的妆容，以免让观众产生不适感。

突出特点。根据主播的脸型、眼型等特征，突出其优点，掩饰不足，使整体妆容更加和谐。

贴合主题。根据直播内容和产品特点，设计相应的妆容，使之相互匹配，提升直播效果。

注重质感。选择高品质的化妆品，保证妆容的持久性和质感，避免出现掉色、脱妆等情况。

保持整洁。注意妆容的整洁度，避免出现瑕疵、晕染等现象，保持整体形象的干净、清爽。

灵活调整。根据直播过程中的需求和观众反馈，及时调整妆容，使之更加符合直播氛围和观众喜好。

主播人设打造

主播人设是指主播在直播过程中塑造的个人形象和品牌特质，包括外在形象、言行举止、品牌定位等方面。

1. 主播人设的维度

外在形象。包括服装、发型、妆容等，通过外在形象展现个性和特色，吸引观众目光。

内在个性。主播的性格、语言风格、思考方式等影响着人设的个性魅力和独特之处。

品牌定位。明确品牌形象和核心价值，根据不同定位设计人设，如时尚达人、亲和领袖等。

互动方式。主播与观众的互动方式也是人设的重要组成部分，问题回答等交流方式直接影响观众的亲近感和忠诚度。

2. 打造主播人设的方法

充分了解受众。了解目标受众的需求、喜好和价值观，有针对性地打造适合受众的人设形象。

强调个性特色。突出主播的个性特色，根据主持风格、兴趣爱好等打造个性化的人设形象。

持续优化。根据观众反馈和市场情况，不断优化人设，使之更符合受众需求，提升品牌认知度和影响力。

保持真实性。虽然人设可以包括塑造形象和角色，但需保持真实性和诚信度，避免虚假矫饰导致失信于观众。

活动指导

如何塑造直播形象？

塑造直播形象的操作流程是一个系统化的过程，涉及主播的外在形象、内在素质、互动方式等多个方面。具体操作流程如下。

第一步：确定定位。

首先，主播需要根据自己的特点和目标受众，确定自己的直播形象定位。比如，是走亲民路线，还是专业化路线，或者是打造某个领域的专家形象等。

第二步：设计形象。

根据定位，设计合适的外在形象，包括服装、发型、化妆等。这些形象应该符合主播的个人特点，同时也要吸引目标受众。

第三步：培养气质。

主播的内在素质和气质也非常重要。这包括主播的语言表达、知识储备、应变能力等。主播需要通过不断学习和实践，提升自己的内在素质。

第四步：制定互动策略。

主播需要根据自身形象和受众特点，制定合适的互动策略。比如，是采用幽默风趣的方式，还是采用亲切温暖的方式，或者是采用专业权威的方式等。

第五步：定期反馈和调整。

主播需要定期收集观众反馈，了解自己的形象是否符合预期，是否需要进行调整。根据反馈，主播可以及时调整自己的形象和互动策略。

第六步：保持一致性。

主播在直播中需要保持形象的一致性，无论是外在形象还是内在素质，都需要在直播中体现出来，以增强观众的信任感和认同感。

通过以上步骤，主播可以塑造出符合自己特点和目标受众需求的直播形象，提升自己的直播效果和影响力。

塑造直播形象安全提醒

在塑造直播形象的过程中，主播需要注意一些安全问题，以保障自身和观众的利益。

（1）防止隐私泄露。在直播过程中，避免过多暴露个人隐私信息，如家庭住址、联系方式等，确保个人信息安全。

（2）物品安全。在直播场景中，注意采取安全防范措施，避免使用易燃、易爆等危险品，确保直播环境安全。

（3）防止网络诈骗。注意保护直播账号安全，不轻易泄露账号密码，避免上当受骗。

（4）合法合规。在直播内容和互动过程中，遵守法律法规，不传播违法信息，不涉及盗版、淫秽等内容，确保直播内容合法合规。

（5）身体健康。直播过程中，注意休息、补充水分、保持良好的工作状态，避免长时间单方面的工作导致身体不适。

（6）应对网络暴力和攻击。面对不文明观众的言语攻击，务必冷静处理，不过激回应，可选择禁言或举报来维护自身权益。

（7）观众沟通。在直播过程中要保持良好的沟通与互动，及时回复观众问题，倾听观众意见，建立积极的交流关系。

总的来说，主播在塑造直播形象时需要时刻注意安全问题，保护自身及观众的合法权益，遵守规范，建立良好的工作环境。通过合理的安全提醒及预防措施，可以保障直播过程的顺利进行，防范潜在的风险。

案例阅读

创建“绿色直播间”规范电商直播行业

2020 年 11 月，为鼓励和促进直播电商行业健康有序发展，浙江启动“绿色直播间”创建活动，并发布《“绿色直播间”创建方案》，对全省范围内开设直播间带货的电商平台、直播平台、MCN（多频道网络）机构以及主播等主体提出明确要求。

符合相关法律法规对商品质量和使用安全的要求，符合使用性能描述、宣称采用标准、允诺等；要求主播提供真实有效的个人身份、联系方式等信息，维护和落实直播间实名制，不得将注册账号转让或出借给他人使用。

为保证直播数据真实性，要求主体不得采取任何形式进行流量等数据造假，不得采用虚假购买和事后退货等方式骗取商家的佣金；要求 MCN 机构依法取得相应经营主体资质，按照平台规则与网络直播营销活动主体签订协议，明确各方权利义务，建立健全与主播的合同签约、管理、培训以及内部管理制度。

素养小贴士

直播编导小赵：哇，看来主播的"颜值"打造，不仅仅是想象中"靠脸出圈"就可以的了。专业的主播形象塑造，还需要"由表及里""内外兼修"，并且符合专业人士形象设定。看来我不能只对潮流美妆、服饰感兴趣了；我要有职业形象的概念了，而且，流行的表情包制作我也要学呢！

直播运营经理小王：看来你对这环节的学习很认真，收获不少啊；我也是。直播形象塑造不是主播一个人的事情，我这个"助播"也要多加强学习嘞！一起加油吧！

活动 5.1.2　暖场解说

任务总领

在直播环节中，暖场解说是非常重要的一环，它是指在直播开始前或直播过程中的间隙时间里，主播用来引导观众、活跃气氛、搭建联系的解说环节。首先，暖场解说可以帮助观众迅速进入直播的氛围，引起观众的兴趣和注意。通过引入话题、调动气氛等方式，预热直播内容，吸引观众留下观看，增加观看时长。其次，暖场解说是主播与观众进行互动的极好机会。主播可以借助暖场解说时间，回复观众留言、问题，与观众进行互动交流，增加双方的亲近感和互动性，提升观众黏性。最后，暖场解说也可以用来介绍直播内容、产品或活动的亮点，提前激发观众的购买欲望，为后续的销售环节做好铺垫。

小组活动

1. 梳理直播流程，提炼解说要素

小组合作，分析 HH 旅游文创直播团队的直播商品，梳理本场直播的流程，并提炼暖场解说的要素，完成表格填写(表 5-4)。

表 5-4　直播流程分析

直播主题		直播时长	
直播总体概况			
直播流程梳理			
直播商品	直播活动	直播互动	备注

2. 设计暖场话术，实施暖场解说

小组合作，根据上述解说要素，选择直播开场方式，设计1分钟直播暖场话术，并实施讲解。

在设计话术中，可以通过网络搜索或参考优秀主播，学习和借鉴开场话术和暖场话术。

3. 灵活应对暖场意外

主播在暖场过程中，可能会遇到无粉丝、无互动、无交易等情况，需要主播掌握一些暖场意外的应对方法。小组讨论，尝试罗列直播意外情况，并给出应对方法。

知识链接

直播开场

直播开场是直播过程中非常重要的一环，是给直播间观众的第一印象，它直接影响着整场直播的氛围、观众的参与度以及最终的效果。

1. 直播开场的重要性及意义

吸引观众注意。直播开场阶段是吸引观众注意的关键时刻。一个精彩的开场可以引起观众的兴趣，让他们愿意留下观看整场直播内容。

创造气氛。直播开场可以通过背景音乐、视觉效果等手段来营造气氛，让观众投入直播中，增强观看体验。

互动引导。在直播开场阶段，主播可以开展互动，与观众进行互动，提高观众参与度，加强主播与观众之间的互动关系。

引导主题。通过直播开场介绍直播内容、产品、活动等重要信息，引导观众关注重点，为后续内容奠定基础。

建立信任。直播开场表现主播的专业素养、诚信态度等，对观众建立信任关系至关重要，所以需要争取观众认可。

提高留存率。一个引人入胜的直播开场可以吸引观众的注意力，增加直播的观看时长，提高留存率。

推动销售。通过直播开场阶段展示产品特点、优惠活动等，引导观众购买意愿，促进销售转化。

总的来说，直播开场是直播过程中至关重要的一环，它不仅能够吸引观众、营造氛围、引导互动，还能够影响直播整体效果和观众体验，对电商直播的成功举办具有重要影响。因此，主播应当重视直播开场环节的策划和执行，确保开场效果理想，为整场直播打下良好基础。

2. 直播开场的常用方法

在直播开场阶段，主播的开场话术至关重要，可以吸引观众、激发兴趣、营造氛围。直播开场话术的6大技巧：

1）打招呼问候

以友好亲切的语气向观众打招呼，问候观众们，让他们感受到热情和亲切，拉近与观众的距离。

2）简要介绍主题

简单明了地介绍今天直播的主题、内容和亮点，让观众了解直播的重点和所期待的内容。

3）提升期待感

通过引入话题、揭示神秘元素或提及特别亮点，激发观众的好奇心和期待感，让观众渴望知道更多。

4）引起共鸣

通过分享个人故事、经历或热门话题，引起观众的共鸣，增强亲和力。

5）制造互动

鼓励观众参与，通过提出问题、邀请观众留言或投票等，增强观众参与感，活跃直播现场氛围。

6）引导行动

在开场阶段引导观众进行行动，如关注主播、分享直播、参与活动等，促进互动和提升促销效果。

通过运用以上技巧，主播可以设计出引人入胜的开场话术，吸引观众的注意，提升观众参与度和直播互动效果，为整个直播节目奠定良好的开头，为后续内容的展开打下基础。

活动指导

如何应对直播暖场意外

针对直播中可能出现无粉丝、无互动、无交易和被粉丝谩骂等四个意外情况，制定相应的应对措施。

1. 直播间无粉丝

意外情况：新直播间无人知晓，粉丝数量少，观看人数少。

应对措施：提前进行直播预热，利用社交媒体、群聊等渠道宣传直播信息，吸引粉丝关注。同时，积极与已有的粉丝进行互动，关注他们的反馈，提高粉丝的参与感和忠诚度。

2. 直播间无互动

意外情况：观众沉默不语，缺乏积极讨论和提问。

应对措施：设计有趣的互动环节，如抽奖、问答、投票等，吸引观众参与。同时，主播要保持亲切的态度，鼓励观众发言提问。

3. 直播间无交易

意外情况：直播过程中缺乏销售转化，观众无购买意愿。

应对措施：在直播中展示产品的特点和优势，以及实际使用效果，增强观众的购买信心。同时，可以设计优惠活动和促销策略，吸引观众下单购买。

4. 被粉丝谩骂

意外情况：有时会遇到不满意的观众发表负面评论或谩骂。

应对措施：冷静处理，避免过度回应或争吵。如果情况严重，可以寻求平台客服的帮助。同时，要保持专业和尊重他人，避免引发更多争议和矛盾。

总的来说，面对直播中的意外情况，最重要的是保持冷静和专业，尊重他人，同时积极寻求解决方案。可以通过优化直播内容、增加互动环节、突出产品特点、寻求客服支持等方式来应对和解决这些问题。

素养小贴士

直播运营经理小王：经过这一连串的学习，我们 HH 旅游文创直播团队暖场工作的进行算是有路可循了。大家要谨记的是，我们是一个直播团队，因此直播形象也不只是主播一个人的形象，而是要各司其职、通力合作，塑造好品牌形象。毕竟，团结就是力量啊！

直播编导小赵：是的呢，要实现直播销售这一个大目标，还需要发挥钉子精神、奋斗精神，团结就是力量，遇到困难不能轻易放弃。正值清明假期，是缅怀革命先烈之时。和平年代的电商圈是没有硝烟的战场，我们要把革命精神在直播战场上薪火相传。我们的暖场工作做到位了，相信后面的直播销售会水到渠成。

【任务评价与反思】

根据考核内容，学生完成自我小结并进行自评打分。教师根据学生活动情况进行点评并完成教师打分。按照“自评分 20%+互评分 30%+专业教师评分 50%”的方式计算得分，填写表 5-5。

表 5-5 任务综合评价表

班级： 姓名：

项目五：任务一 直播销售							
序号	评价项目	测评标准	分值	自评 20%	互评 30%	教师 50%	得分
1	塑造直播形象	能根据商品属性和用户定位，确定匹配的主播，确定主播和助播的服饰、妆容	50				
2	暖场解说	能根据直播脚本，提炼暖场解说要素，设计富有感染力的暖场话术，并营造话术氛围，实施直播暖场	50				
合计			100				

任务二 直播解说

任务目标

知识目标：1. 掌握直播过程中商品推荐的方法和逻辑。
2. 掌握直播过程中促销的推荐方式。

技能目标：1. 能根据直播脚本和直播商品，提炼商品卖点。
2. 能根据直播脚本，选择商品推荐的方法，设计商品推荐话术并实施解说。
3. 能根据直播脚本，选择促销推荐的方法，设计促销推荐话术并实施解说。

思政目标：1. 培养诚实守信的职业素养，能实事求是地完成直播解说。
2. 提升沟通表达能力，能规范地完成促销推荐。

任务描述

直播运营经理小王：小赵，你看我们直播的销量情况，丝绸服饰的销量虽然有所提升，但是并没有达到预期的效果。主播们通过前期准备开展了直播暖场，但丝绸服饰的销量并没有得到大幅提升，而且客户从直播开始到结束都在不断流失。

直播编导小赵：确实存在这个问题，我觉得可能的原因是主播在介绍商品时没有掌握良好的方法，也没有根据消费者的需求进行促销活动的推荐。这样不仅不能激发消费者的购物热情，也无法进一步提升丝绸服饰的销量。

直播运营经理小王：你说的有道理，那么如何解决这个问题呢？

直播编导小赵：我觉得首先我们需要做好直播销售与解说技巧的训练，通过多种方式激发消费者的购买欲望。同时，我们要用合适的方法来介绍商品，根据消费者的需求进行促销活动的推荐。从而激发消费者的购物热情。

直播运营经理小王：听起来不错，我们可以试试看。希望这个方法能够帮助我们店铺解决当前面临的难题。

直播编导小赵：我相信只要我们做好准备，一定能够取得好的效果！让我们一起努力吧！

希望你通过本任务的学习，能根据直播销售与解说技巧，帮助主播解决店铺当前面临的难题。

任务分析

在直播电商中，如何以商品为出发点，开展商品优势讲解？如何抓住消费者需求，并运用促销技巧提升销量？要解决这些问题，直播解说非常重要，相关任务见表 5-6。

表 5-6　任务单

任务	直播解说	
子任务	推荐带货商品	推荐促销活动
活动形式	3~4 人小组	3~4 人小组
活动要求	通过学习，了解直播过程中商品推荐逻辑，掌握商品推荐的方法，完成商品推荐话术撰写并实施解说	通过学习，掌握直播过程中促销推荐方式，选择合理的促销推荐方式，完成促销推荐话术撰写并实施解说
岗位标准	能根据商品信息，提炼商品卖点，通过富有感染力的话术营造氛围，完成带货商品推荐	能借助道具，通过展示商品卖点，选择合理的促销活动，营造良好的带货氛围，完成促销活动推荐
活动编号	活动 5. 2. 1	活动 5. 2. 2

任务实施

活动 5.2.1　推荐带货商品

任务总领

在直播带货过程中，展示和介绍商品是非常重要的环节，它直接影响着观众对产品的认知和购买决策。展示和介绍商品不仅是向观众展示产品的重要方式，更是影响观众购买行为和品牌认知的关键环节。因此，主播在直播过程中应重视展示与介绍商品环节，用心展示产品特点和优势，为观众创造更具吸引力的购买体验，从而实现更好的销售效果。

小组活动

1. 熟悉商品，提炼卖点

认真阅读丝绸直播推荐话术案例。

大家好，今天我要向大家推荐的是我们店里的优质丝绸制品，产品采用上等丝绸材质制作，触感柔软、光滑，给您带来极致的舒适体验。这款丝绸制品不仅材质优良，而且设计时尚独特，无论是作为家居装饰还是办公室装饰，都能为您的空间增添一抹亮丽色彩。我们的丝绸制品耐用不易褪色，长时间使用依然保持鲜艳色彩和细腻质感，让您放心选购和使用。无论是作为床上用品、家居装饰还是服装配饰，这款丝绸制品都能满足，为您的生活增添一抹优雅气质。我们的丝绸制品采用环保工艺生产，不含有害物质，让您和家人安心使用，享受健康生活。为了感谢大家的支持，我们针对这款丝绸制品推出了特别优惠活动，购买即可享受折扣或赠品，快来抢购吧！如果您对这款丝绸制品感兴趣的话，请在评论区留言或私信我们，我们将尽快为您安排购买和发货，祝您购物愉快！

（1）请分析，通常推荐一款商品需要介绍哪些信息？

（2）拆解直播话术，对上述案例的丝绸直播推荐话术进行归类；可归纳总结于表 5-7。

表 5-7　直播话术

用户关注点	介绍重点	话术
优质材质		
时尚设计		
耐用性		
适用场景		
健康环保		
优惠活动		

2. 设计卖点，实施解说

以上述脚本为依据，小组合作，为 HH 旅游文创直播团队主推的其他文创商品撰写 2 分钟的商品推荐话术，并实施讲解。

知识链接

带货商品推荐

在直播带货中，商品推荐对于提高观众购买意愿和转化率至关重要。

1. 商品推荐的意义

提升产品认知度。通过展示和介绍商品，观众可以更加全面地了解产品的特点、功能、优势等信息，提升产品认知度，增强购买欲望。

传递产品信息。主播在展示和介绍商品时，可以通过实际演示、产品比较、使用体验分享等方式，传递产品的关键信息和价值，促使观众对产品产生兴趣。

增强信任感。通过真实展示和详细介绍产品，主播可以提高观众对产品的信任度，让观众对产品质量和性能有更加真实的认知，促使其形成购买决策。

刺激购买冲动。精心设计的展示和介绍环节，可以突出产品的亮点、特色和优势，激发观众的购买冲动，促进购买行为的产生。

提高转化率。展示和介绍商品的环节是直播电商中实现转化的关键环节。精准的展示和详细的介绍可以增强观众的购买意愿，提高销售转化率。

塑造品牌形象。通过展示和介绍商品，主播可以展现品牌形象、专业形象，提升品牌知名度和影响力，增强品牌忠诚度。

2. 商品推荐的方法

1）突出产品特点

在推荐丝绸制品时，要突出其优质材质、时尚设计、耐用性、适用场景等特点，让观众了解产品的优势和价值。

2）展示实物图片

使用高质量的实物图片展示丝绸制品的细节和质感，让观众能够直观地看到产品的真实面貌。

3）讲述使用体验

分享丝绸制品在实际使用中的感受和体验，如触感、舒适度、搭配效果等，提升观众对产品的信任感和认同感。

4）搭配推荐

将丝绸制品与其他产品或场景进行搭配推荐，如搭配家居装饰、服装等，展示其多样性和实用性。

5）限时优惠活动

针对丝绸制品推出限时优惠活动，如折扣、赠品等，吸引观众关注和购买。

6）互动环节

设置互动环节，如提问、评论等，与观众进行互动交流，了解他们的需求和反馈，有针对性地推荐产品。

7）强调品质保障

强调丝绸制品的品质保障和售后服务，让观众放心购买，增强其购买信心。

通过以上方法，主播可以更好地展示丝绸制品的特点和优势，提升观众对产品的认知和兴趣，进而促进其购买行为的产生。同时，主播要根据目标受众的需求和喜好，灵活调整推荐策略，提高直播带货的效果和转化率。

活动指导

商品推荐的逻辑

商品推荐需要遵循一定的逻辑和思路，以吸引观众的注意并促使其购买产品。以下是商品推荐的逻辑步骤。

第一步：目标受众分析。

首先要确定目标受众群体，了解他们的需求、兴趣和购买习惯，以便为其推荐合适的产品。

第二步：产品特点展示。

在推荐商品时，首先要突出产品的特点和优势，包括材质、设计、功能、品质等，让观众了解产品的独特之处。

第三步：使用场景介绍。

通过展示产品在不同场景下的应用和搭配效果，让观众更直观地了解产品的实际使用价值，激发其购买欲望。

第四步：用户体验分享。

分享其他用户的使用体验和评价，或展示真实的用户案例和反馈，提高产品的信任度和吸引力。

第五步：推荐搭配。

根据产品属性和需求特点，推荐同类产品或提供搭配建议，帮助观众更好地配备和使用产品。

第六步：优惠活动宣传。

针对推荐产品推出优惠活动，如折扣、赠品等，吸引观众参与购买，增强其购买动力。

第七步：售后服务保障。

强调产品的品质保障和售后服务，让观众放心购买，建立信任感。

第八步：互动参与。

设置互动环节，鼓励观众提问、评论或参与投票等，增强观众参与感，加强与观众的互动。

通过以上逻辑步骤，主播可以有效地展示和推荐商品，帮助观众更好地了解和选择产品，提高购买转化率和用户满意度。同时，主播应根据具体情况和产品特性，灵活应用合适的推荐方法，为观众提供优质的购物体验。

FABE 法则

直播带货时，FABE 法则是一种非常实用的销售技巧，可以帮助主播更有效地向观众推荐商品。

1. FABE 法则的解释

F(Feature)：商品的特点(特性)

A(Advantage)：商品的优势

B(Benefit)：商品能为消费者带来的好处

E(Evidence)：支持上述陈述的证据

2. 在直播带货中应用 FABE 法则的步骤

第一步，介绍商品的物理特性，如材质、尺寸、颜色、设计等。示例：这款丝绸被套采用100%纯天然丝绸，质地柔软，触感顺滑。

第二步，阐述这些特点所带来的优势。示例：纯天然丝绸透气性好，有利于保持舒适的睡眠环境，对皮肤敏感的人来说非常友好。

第三步，解释这些优势能为消费者带来的具体好处。示例：使用我们的丝绸被套，您将享受到更加舒适的睡眠体验，让您每天精力充沛，工作效率更高。

第四步，提供证据来支持上述陈述，比如用户评价、专业认证、销量数据等。示例：根据我们的用户反馈，90%的用户表示使用我们的丝绸被套后睡眠质量明显提高，而且我们的产品通过了国际环保认证，您可以放心使用。

通过 FABE 法则，主播不仅能够详细介绍商品的特点，还能够让消费者理解这些特点如何转化为实际的好处，从而提高其购买意愿。在直播带货中，FABE 法则有助于主播更有逻辑地推荐商品，提升销售效果。

素养小贴士

直播运营经理小王：在旅游业曾流行一句话，“祖国风景美不美，全靠导游一张嘴。”它强调的正是导游的解说功力对展示景点魅力不可或缺的作用。在直播电商行业，我们主播和推荐商品之间的关系也是如此呀。

直播编导小赵：王经理的这一类比实在是极妙，“直播话术”这一关，我会带领直播主播小美和直播助播小虹齐心攻克的。在这个同质化趋向明显的直播圈，商品可能雷同，但我们的创意和话术要与众不同，确实考验功底，必须要加强学习。这一块我们一定向“东方某选”的小董学习，让原创“小作文”赋能商品魅力！

活动 5.2.2　推荐促销活动

任务总领

在直播带货中推荐促销活动具有重要意义。促销活动可以吸引观众的注意，刺激其购买欲望，并提升销售量。通过促销活动，可以提高观众参与度，促进交易成交率和销售额的提升。同时，促销活动也可以培养观众的忠诚度，吸引新客户，促进口碑传播，为品牌带来更多曝光。通过推荐促销活动，主播可以激发观众的购买热情，提高直播效果，加速商品销售，为直播带货活动带来更好的效果和成果。

知识链接

促销的含义及作用

促销是一种营销手段，通过降价、赠品、折扣、优惠活动等方式，促进产品的销售和消费者购买行为的发生。促销的主要目的是促进销售，增加市场份额，提高品牌知名度，并吸引新客户和维护老客户，激发消费者购买欲望、刺激消费、加速产品周转。

促销的作用包括：

（1）提升销售量。通过促销活动，消费者更容易被吸引购买，从而提升产品的销售数量。

（2）清库存。促销可以帮助企业快速清理库存，节省仓储成本，为新品上市腾出空间。

（3）提升品牌知名度。优惠促销活动可以吸引更多的消费者关注和参与，提高品牌曝光度，扩大品牌影响力。

（4）培养消费习惯。促销活动能够吸引消费者购买，培养消费习惯，增强消费者与品牌的互动性。

（5）拓展市场份额。通过促销活动，企业可以吸引新客户，拓展市场份额，提高市场占有率。

（6）提高客户忠诚度。通过赠送礼品、提供优惠，对老客户进行回馈，提高客户满意度和忠诚度。

总的来说，促销活动对于企业销售和品牌推广都具有重要的作用。通过巧妙策划促销活动，企业可以提升竞争力，增加销售额，拓展市场，提高客户忠诚度，促进行业的良性竞争和发展。

促销推荐方式

在直播带货中，促销推荐方式对于吸引观众、激发购买欲望和提升销售额至关重要。以下是一些有效的促销推荐方式。

（1）限时折扣：提供限时折扣或优惠券，鼓励观众在特定时间内下单购买。这种方式可以产生紧迫感，促使观众尽快下单。

（2）满减/满赠：设置满减或满赠活动，鼓励观众增加购买量。例如，满 100 元减 10 元或满 200 元赠精美礼品。

（3）秒杀活动：推出限量秒杀商品，以极低的价格吸引观众快速下单。秒杀活动可以增强直播的互动性和观赏性。

（4）买一赠一：购买主商品即可获得赠品，提高观众的购买动力。赠品可以是与主商品相关的配件或试用装。

（5）跨商品优惠：提供跨商品优惠券或套餐，鼓励观众搭配购买。例如，购买手机赠送耳机优惠券。

（6）会员专享：为会员提供专属优惠，提高会员的忠诚度和购买力。例如，会员专享折扣或生日礼物。

（7）积分兑换：鼓励观众通过积分兑换的方式获得商品或优惠。观众可以通过参与互动、签到等方式获得积分。

（8）直播专属优惠：为直播观众提供专属优惠码或链接，提高直播的吸引力。

（9）优惠叠加：允许观众将多个优惠券叠加使用，提高购买性价比。

（10）限时抽奖：举办限时抽奖活动，吸引观众参与互动，提高直播的趣味性。

通过以上促销推荐方式，主播可以激发观众的购买热情，提高直播效果，加速商品销售。同时，主播应根据商品特性和目标受众的需求，灵活应用合适的促销方式，提升销售额和用户满意度。

小组活动

1. 学习案例，探究方式

登录抖音直播平台，选择两个人气差别比较大的丝绸销售直播间进行观看，小组合作，交流两个直播间用到的促销推荐方式及作用，分析结果可填至表5-8。

表 5-8　对比分析表

直播间 1		直播间 2
直播间名称：	VS	直播间名称：
直播人气：		直播人气：
主播促销活动：		主播促销活动：
我的感悟：		

2. 设计话术，实施解说

以直播脚本为依据，小组合作，为 HH 旅游文创直播团队主推的文创活动设计 1 分钟的促销推荐话术，并实施讲解。

____

____

____

____

____

案例阅读

2023 年 6 月 16 日在泾川县电子商务公共服务中心举行了“6·18”电商网红直播暨电商扶贫专场促销活动启动仪式，旨在以本次电商直播促销活动为契机，引导企业打造自主品牌，开发特色产品，让广大网民粉丝感受泾川丰富多样的消费体验。积极搭建“工业品下乡、农产品进城”双向流通平台，引进培育专业人才，加快创建泾川苹果、小杂粮、牛肉、擀面皮等网货供应基地，持续开展线上直播推广活动，让泾川的农特产品走出平凉，走出甘肃，走向全国，形成泾川名特优农产品产、供、销一条龙服务体系，努力推进电商发展实现新突破。

活动指导

直播促销的步骤

第一步，明确促销目标。

设定清晰的促销目标，如增加销量、拉新客户、促进库存周转等。根据不同的目标，选择合适的促销策略和活动方式。

第二步，选择合适的促销方式。

根据产品特点和目标客群选择合适的促销方式，如折扣促销、满减优惠、赠品促销等。结合市场情况和竞争对手的活动，制定有竞争力的促销方案。

第三步，制定详细的促销计划。

确定促销活动的时间、地点、内容和参与方式。设定促销活动的预算和目标销售额，制定详细的执行计划。

第四步，营销宣传和推广。

制作宣传物料，如海报、传单、广告等，在社交媒体和线上平台进行推广。制定推广策略，包括折扣码、优惠券等，吸引消费者关注和参与。

第五步，活动执行和监控。

确保促销活动顺利进行，关注活动效果和销售情况。监控促销活动的反馈和参与情况，及时调整推广策略并加强客户沟通。

第六步，客户服务和售后跟踪。

确保客户服务质量，为消费者提供满意的购物体验。在促销活动结束后进行客户满意度调查和售后跟踪，维护品牌声誉并留住客户。

素养小贴士

直播主播小美：直播助播小虹，谢谢你给我制定的促销目标、方式与计划，让我在直播中能有的放矢、多管齐下。直播投手小文，谢谢你配合我的讲解给予促销方式的绿幕式、逻辑性图表的呈现，不然任我说得天花乱坠，观众们听得却一头雾水。场控小李，感谢你在幕后随时监控活动效果和销售情况，并且给予我反馈，使我“知己知彼，百战不殆”。直播客服小闻，售后跟踪接下来就交给你，守好我们的最后一环！小赵编导，谢谢您在前方统领大局，经过这次直播演习，我觉得我们真是一个给力的团队！

直播编导小赵：为小美的总结点赞，大家作为一个直播团队就应相互效力，让我们的顾客宝宝们享受高品质直播参与体验。期待粉丝增多，明天会更好！

【任务评价与反思】

根据考核内容，学生完成自我小结并进行自评打分。教师根据学生活动情况进行点评并完成教师打分。按照“自评分 20%+互评分 30%+专业教师评分 50%”的方式计算得分，见表 5-9。

表 5-9 任务综合评价表

班级：　　　　　　　　　　姓名：

项目五：任务二　直播解说							
序号	评价项目	测评标准	分值	自评 20%	互评 30%	教师 50%	得分
1	推荐带货商品	能根据商品信息，提炼商品卖点，通过富有感染力的话术营造氛围，完成带货商品推荐	50				
2	推荐促销活动	能借助道具，通过展示商品卖点，选择合理的促销活动，营造良好的带货氛围，完成促销活动推荐	50				
合计			100				

任务三　直播互动

任务目标

知识目标：1. 掌握主播常用的互动话术技巧。
2. 了解直播间常用的互动方式。
3. 掌握助播的主要工作内容。

技能目标：1. 能根据直播脚本和直播商品，策划主播互动方式和话术，完成直播任务。
2. 能根据直播脚本和直播商品，规范助播工作内容和话术，完成直播任务。

思政目标：1. 培养团队合作精神，能分工完成直播互动的任务。
2. 提升科学的研究精神，能进行直播互动话术撰写。

任务描述

直播运营经理小王：小赵，你注意到这次的直播销售数据了吗？虽然观众数量明显上升，但是订单增长率并不高。

直播编导小赵：是的，我注意到这个问题了。我们需要寻找一些解决方案，以提高订单转化率。

直播运营经理小王：我认为我们需要复盘这次直播，看看我们有哪些地方可以改进。

直播编导小赵：是的，我们可以从案例分析中学习，看看其他主播是如何吸引观众并完成销售的。我发现他们在直播中加强了与粉丝的互动。

直播运营经理小王：你说得对！我们可以让主播和助播在直播中与粉丝进行互动，这样可以提升他们的参与度和订单转化率。

直播编导小赵：是的，我们可以设计一些有趣的互动环节，比如问答、抽奖等，让粉丝参与到直播中来。同时，我们也可以根据丝绸服饰的特点和消费者的需求，设计一些有趣的促销活动，吸引更多的观众下单。

直播运营经理小王：这个方法听起来不错，我们可以试试看。希望这个方法能够帮助我们提高订单转化率，完成丝绸服饰的直播销售。

直播编导小赵：我相信只要我们用心去做，一定能够取得好的效果！让我们一起努力吧！

希望你通过本任务的学习，能通过加强直播互动，帮助 HH 旅游文创直播团队完成丝绸服饰的直播销售。

任务分析

在直播电商中，主播如何进行互动？助播如何进行互动？让我们一起来探索直播互动。任务详情见表 5-10。

表 5-10　直播互动任务单

任务	直播互动	
子任务	主播互动	助播互动
活动形式	3~4 人小组	3~4 人小组
活动要求	通过学习，掌握直播间常用的互动方式，策划主播互动方式和话术，完成直播任务	通过学习，了解助播的主要工作内容，规范助播工作内容和话术，完成直播任务
岗位标准	能对直播间的新用户及时推送欢迎语和直播简介，提醒用户观众。对直播过程中的用户反馈进行适当的引导并转发分享 粉丝互动思维和线上沟通交流能力	
活动编号	活动 5.3.1	活动 5.3.2

任务实施

活动 5.3.1　主播互动

任务总领

主播互动在直播中具有重要作用。通过与观众的互动交流，主播可以增强观众参与感和亲近感，建立良好的互动关系。主播互动不仅可以提升直播的趣味性和互动性，还能增强观众的黏性，提高其忠诚度。互动还能帮助主播更好地了解观众需求和反馈，及时调整直播内容，提升观众体验。此外，主播的互动还能促进销售转化，激发观众购买欲望，提高销售效果。综上所述，主播互动是直播中不可或缺的重要环节，对于提升观众参与度、品牌影响力和销售效果至关重要。

小组活动

1. 学习案例，探究方式

登录抖音直播平台，选择两个人气差别比较大的丝绸销售直播间进行观看，小组合作，交流两个直播间用到的互动方式及作用，分析结果可填至表 5-11。

表 5-11　对比分析表

直播间 1		直播间 2
直播间名称：	VS	直播间名称：
直播人气：		直播人气：
主播互动方式：		主播互动方式：
我的感悟：		

2. 设计话术，实施解说

为 HH 旅游文创直播团队主推的丝绸服饰设计 1 分钟主播互动推荐话术，并实施讲解。

____

____

____

____

____

知识链接

直播间的互动方式

在直播间中，互动是非常重要的环节，能够提高观众参与度、提升直播体验，同时也对促进产品销售起到积极作用。以下是一些常见的直播间互动方式。

实时留言互动：观众可以通过直播平台的弹幕功能发送文字留言，主播可以实时回复观众的留言，进行互动交流；

打赏互动：观众可以以打赏礼物的形式支持主播，主播在直播中会感谢打赏的观众，提升互动感和观众参与度；

抽奖活动：主播可以设定抽奖环节，观众参与抽奖，获得奖品或优惠券，提升观众的互动积极性；

投票互动：在直播中设置投票环节，观众可以根据主播提出的问题进行投票，提升互动参与感；

问答互动：主播可以向观众提出问题，观众通过留言方式回答，回答正确的观众有机会获得奖品；

互动挑战：设定互动游戏或挑战环节，观众参与完成挑战，获得奖励或奖品，增强直播的趣味性和互动性；

直播调查：通过在直播间发起调查问题，让观众参与投票，了解观众的喜好和意见，以指导后续直播内容；

线上互动竞赛：设置在线竞赛活动，鼓励观众参与，获胜者可以获得礼品或特别奖励。

通过以上不同形式的互动方式，可以使观众更积极地参与到直播中，增强直播的趣味性和互动性，提升观众体验，促进产品推广和销售。选择适合自己直播内容和观众群体的互动方式，可提高直播互动效果和用户参与度。

主播常用的互动话术技巧

主播在互动话术技巧方面需要具备一定的灵活性和创造力，以吸引和维持观众的注意力。以下是一些主播常用的互动话术技巧。

问候和感谢。主播可以使用热情的问候语和感谢词与观众进行互动，比如“大家好，感谢大家来到我的直播间”等。

提问和邀请回答。主播可以通过提问的方式邀请观众回答，比如“你们喜欢什么类型的音乐”或“你们对今天的穿搭有什么建议”等。

鼓励互动。主播可以使用鼓励性的语言鼓励观众参与互动，比如“请大家积极参与投票哦”或“你的回答可能会获得意外的奖励哦”等。

搞笑和幽默。主播可以运用幽默搞笑的方式与观众进行互动，制造轻松愉快的氛围，比如自嘲、讲笑话等。

讲述故事。主播可以通过讲述有趣的故事来吸引观众，增加互动性，比如自己的经历、虚构的故事等。

传递价值。主播可以分享有价值的信息或建议，让观众感受到互动的意义，比如生活技巧、健康知识等。

赞美和肯定。主播可以适时地赞美和肯定观众的留言或行为，增强观众的积极性，比如“你的回答太棒了”或“你的建议很好，我下次会尝试的”等。

限时活动。主播可以提醒观众关注直播间内的限时活动，激发观众的购买欲望，比如“只在今天优惠哦”或“下一个小时秒杀即将开始”等。

引导关注和互动。主播可以引导观众关注直播间并进行互动，比如“如果你喜欢我的直播，请点关注哦”或“请点赞、分享和评论，让更多朋友一起参与”等。

通过运用以上互动话术技巧，主播可以更好地与观众进行沟通，提升观众的参与度和互动性，增强直播的吸引力。主播应根据直播内容和观众特点，灵活运用不同的互动话术技巧，以达到最佳的互动效果。

活动指导

直播互动的步骤

直播互动是直播过程中吸引观众、提高参与度和粉丝忠诚度的关键。以下是直播互动的基本步骤。

第一步：开场互动。

主播在直播开始时，可以通过问候语与观众打招呼，感谢他们来到直播间。介绍今天的直播主题和计划，引起观众的兴趣。

第二步：自我介绍与互动。

主播可以简短介绍自己，让观众更好地了解和记住自己；可以通过提问或邀请观众打招呼的方式，让观众参与到直播中来。

第三步：内容互动。

在直播过程中，主播可以根据内容提问相关问题，邀请观众回答；可以通过展示产品、讲解教程、分享故事等方式，与观众保持互动。

第四步：评论互动。

主播可以鼓励观众在直播间的评论区留言，对评论进行回复参与互动；可以选择一些评论进行回复，或者针对某些问题进行投票。

第五步：礼物与打赏互动。

主播可以对送礼物的观众表示感谢，并进行互动，比如称呼昵称、表示感谢等；对于打赏的观众，可以进行特别的感谢和互动。

第六步：抽奖与活动互动。

主播可以设置抽奖活动，邀请观众参与，提升观众的参与感和互动性；可以通过活动，比如答题、游戏等，与观众进行互动。

第七步：结束互动。

在直播结束时，主播可以对观众表示感谢，回顾今天的互动和内容；可以提醒观众关注、点赞和分享，以便下次直播时能够再次见到他们。

以上是直播互动的基本步骤，主播可以根据自己的直播内容和观众特点，灵活运用和调整互动方式，提高直播的吸引力和影响力。

案例阅读

武汉启动首届直播电商节 打造直播电商集聚“快车道”

2023 年 12 月 14 日，武汉首届直播电商节启动仪式在云尚·武汉国际时尚中心举行，武汉市商务局为首批 11 个武汉直播电商集聚区授牌。

本次“畅享消费 乐购武汉”活动依托武汉本地产业链优势，设立了汉派服装、汉产汽车、汉派美食等多个汉产品牌直播专场，参与活动的品牌企业将遴选出最优惠商品和定制化商品，邀请直播带货达人向全球推介武汉特色品牌，通过直播电商新业态新模式实现“货到汉口活”变“数到汉口活”。

素养小贴士

直播主播小美：在今天的直播中，我有意识地加入了与粉丝宝宝们的互动。这段经历让我对做好一名合格的主播又有了新的认知！如果说为直播商品设计好与众不同的解说词是直播间“引流”的一把利斧，那么做好与粉丝的互动，则是留住粉丝，把平台给的“公域流量”转变为我们直播团队“私域流量”的第二把利斧！前者为主，后者为辅，但有时候如果互动做得好，对于同样的商品，粉丝就会选择我们而不是别人！

直播编导小赵：小美真棒！你竟然把马克思主义哲学“矛盾”的主次地位和相互转化的情况都弄懂了。看来真是“实践出真知”！

直播助播小虹：是呀，小美。我觉得你今天的互动做得非常到位，你的互动内容及方式丰富多样，我隔着屏幕都被你打动了。真为你感到高兴！

活动 5.3.2 助播互动

任务总领

直播助理在直播行业中扮演着至关重要的角色。首先，直播助理可以帮助主播进行准备工作，包括美化直播环境、调试设备等，确保直播的顺利进行。在直播过程中，助理可以负责管理聊天室，维护秩序，防止不良信息的传播，保障观众的良好体验。此外，助理还可以协助主播与观众进行互动，回答观众的问题，活跃直播气氛，提升观众的参与度。

直播助理还可以帮助主播进行后期工作，例如剪辑视频、发布内容等，提高主播的内容质量，吸引更多观众。此外，助理还可以帮助主播分析直播数据，了解观众的喜好，为主播提供改进的思路。

总的来说，直播助理的重要性体现在他们能够帮助主播提升直播质量，提高观众的满意度，同时也能够帮助主播在直播行业中取得更好的发展。

小组活动

1. 案例分析，明确助播工作内容

案例 1：直播助理帮助主播度过技术危机

在一次音乐直播中，主播准备演唱一首新歌，但在开始演唱时发现麦克风无法正常工作，导致声音无法传递给观众。直播助理立刻意识到问题的严重性，赶紧调试设备，发现原来是麦克风线路存在问题。助理立即更换上了一根备用麦克风线，重新测试之后确保麦克风正常工作。虽然这个意外情况导致直播略有延迟，但助理的迅速反应和有效解决问题的能力，让主播顺利演唱完歌曲，圆满完成直播。

案例 2：直播助理帮助主播处理观众疑问

在一次生活方式类直播中，主播正在展示烹饪过程，观众突然提出关于某种食材的疑问，主播却因为忙着操作无法马上回答。直播助理看到观众的提问后，立即抓住机会在聊天室中回复观众，并提供了详细的解释和背景知识。助理还主动和观众进行互动，引导他们关注直播内容，同时也提升了直播的互动性。主播感激助理在关键时刻的帮助，成功解决了观众的疑问，也提高了直播的质量和用户体验。

请你分析在上述两则案例中，直播助理具体承担了哪些工作任务？

2. 协助主播，设计助播互动话术

基于 HH 旅游文创直播团队的工作任务，协助主播，为主推的丝绸服饰设计 1 分钟助播互动推荐话术，并实施讲解。

知识链接

主播助理的工作内容

主播助理在直播行业中扮演着重要的辅助角色，主要工作内容如下：

直播前的准备工作。协助搭建直播间和设置直播设备，测试音视频质量，调试灯光和镜头角度，确保直播环境良好。

聊天室管理。负责监控直播中的聊天室，回复观众留言和问题，维护聊天室秩序，及时处理不当言论或恶意行为。

观众互动。协助主播与观众进行互动，回答观众提出的问题，推进互动环节有序进行，提高观众参与度和黏性。

直播过程中的支持。在直播过程中与主播配合，提醒主播注意直播时间、内容安排，处理突发情况，保障直播顺利进行。

后期处理工作。负责直播内容的剪辑和编辑，制作精彩片段或整理直播素材，帮助主播提升内容质量。

数据分析与反馈。对直播过程中的数据进行统计和分析，了解观众反馈和行为，为主播提供改进思路和建议。

主播助理在直播行业中承担着多方面的工作内容，通过协助主播和管理直播过程，提升直播质量，增加观众互动，帮助主播获得更好的直播效果和用户体验。

助播的互动话术

助播在直播过程中的互动话术非常重要，可以帮助其与观众建立更紧密的联系，提高观众参与度。以下是一些助播可以使用的互动话术示例。

1. 欢迎观众

“大家好，欢迎来到直播间，我是×××的助理，今天我们有什么精彩内容要和大家分享呢？”

2. 互动提问

“大家猜一猜今天我们要做什么？快来猜猜看！”

3. 鼓励观众参与

“感谢×××的打赏/评论/互动，让我们一起来参与直播，一起创造更多精彩时刻！”

4. 回应观众提问

“有观众问到×××问题，这个问题问得很好哦，我们来解答一下……”

5. 互动游戏

“现在我们来玩个小游戏吧，第一个回答正确的观众可以得到一份小礼物哦！”

6. 引导观众互动

“大家怎么看？觉得怎么样？快来留言告诉我们你的看法！”

7. 增加趣味互动

“让我们来做个有趣的互动活动吧，大家一起来支持/发弹幕！”

8. 收尾互动

“今天的直播就要结束了，感谢大家的观看和支持，下次直播再见！”

以上互动话术示例可以帮助助播更好地与观众进行互动，打造更生动有趣的直播氛围，提高直播的互动性和吸引力。

活动指导

助播互动的步骤

助播在直播过程中的互动是非常重要的，可以提高观众参与度，提升直播的互动体验。以下是助播互动的一般步骤。

第一步：准备工作。

在直播前，助播需要了解主播的直播内容和计划，准备好与主题相关的互动内容和话题。确保直播设备正常运行，包括摄像头、麦克风等。

第二步：欢迎观众。

主播开始直播前，助播可以用热情友好的语言欢迎观众的到来，介绍自己的身份和职责，并简单介绍今天的直播内容。

第三步：互动提问。

助播可以使用引人注意的互动问题或话题，引导观众参与讨论。可以提出开放式问题，鼓励观众分享自己的看法或经验。

第四步：回应观众互动。

当观众开始留言或提出问题时，助播可以及时回复，与观众建立沟通，积极互动。回应观众的留言可以增强观众的参与感，提升直播的互动氛围。

第五步：主持互动环节。

助播可以在直播中设置各种互动环节，如抽奖、答题等，吸引观众参与并赢得奖品，增强直播的趣味性和吸引力。

第六步：引导观众互动。

助播可以随时提醒观众留言、点赞、送礼物等，引导观众参与互动，提高互动的频率和程度。

第七步：收尾互动。

在直播接近尾声时，助播可以感谢观众的观看和支持，并留言邀请观众观看下次直播或请观众提出建议，保持和观众的联系。

通过以上步骤，助播可以有效地与观众进行互动，提升直播的互动性和吸引力，以及观众的参与度，增强直播的氛围感和体验感。

素养小贴士

直播助播小虹：亲爱的小美，作为你的助理，你觉得我今天表现得如何？

直播主播小美：可爱的小虹，俗话说“一个好汉三个帮”，我这个主播只有你一个助播，都让我觉得如虎添翼呀！我在台前讲品互动，你在幕后打字配合，我们简直是最佳拍档！

直播助播小虹：有你这位“专业主播”的认可，我在“专业助播”的成长路上也要跟上你的步伐！这就是“职业素养”和“团队精神”对你我的塑造！还有，场控小李和直播投手小文也一直在守候。你放心，直播片段制作短视频、客户跟踪的复盘工作我们来接力。只要能齐心协力，我们一定会让我们的直播取得更好的成效！

【任务评价与反思】

根据考核内容，学生完成自我小结并进行自评打分。教师根据学生活动情况进行点评并完成教师打分。按照“自评分 20%+互评分 30%+专业教师评分 50%”的方式计算得分，填写表 5-12。

表 5-12　任务综合评价表

班级：　　　　　　　　　　　　姓名：

项目五：任务三　直播互动							
序号	评价项目	测评标准	分值	自评 20%	互评 30%	教师 50%	得分
1	主播互动	能对直播间的新用户及时推送欢迎语和直播简介，提醒用户观众。对直播过程中的用户反馈，进行适当的引导并转发分享	50				
2	助播互动	粉丝互动思维和线上沟通交流能力	50				
合　计			100				

案例阅读

2024 年 4 月 26 日，商务部印发《数字商务三年行动计划(2024—2026 年)》(以下简称《行动计划》)，提出推动商务各领域数字化发展的具体举措。《行动计划》开展 5 项重点行动、共 20 条具体举措。

一是开展“数商强基”行动，提出培育创新主体、构建监测评价体系、提升治理水平、强化智力支撑、推动规范发展 5 项举措，持续夯实数字商务发展基础。

二是开展“数商扩消”行动，提出培育壮大新型消费、促进线上线下融合、激发农村消费潜力、促进内外贸市场对接、推动商贸流通领域物流数字化发展 5 项举措，更好激发数字消费活力。

三是开展“数商兴贸”行动，提出提升贸易数字化水平、促进跨境电商出口、拓展服务贸易数字化内容、大力发展数字贸易 4 项举措，加快培育对外贸易新优势。

四是开展“数商兴产”行动，提出建强数字化产业链供应链、优化数字领域吸引外资环境、扩大数字领域对外投资合作 3 项举措，推动赋能现代化产业体系建设。

五是开展“数商开放”行动，提出拓展“丝路电商”合作空间、开展数字规则先行先试、积极参与全球数字经济治理3项举措，不断深化数字经济国际合作。

下一步，商务部将指导地方商务主管部门做好文件落实和政策落地工作，全面提升商务各领域数字化发展水平，推动我国数字经济做强做优做大。

素养小贴士

直播运营经理小王：终于来到了这一天，我们博文创科技有限公司的首次HH文旅直播销售活动已经落下帷幕。苏轼有云：“回首向来萧瑟处，归去，也无风雨也无晴。”我想问问大家的心情如何？

直播编导小赵：回首这场直播销售活动，这是我们作为创业团队的“首场亮相秀”。我看到每个人都拿出了披荆斩棘的勇气和智慧迎接挑战，经历了“山重水复疑无路，柳暗花明又一村”的曲折和惊喜，终于迎来了成功！我的心情是晴天，晴天上还挂着雨后的彩虹！

直播主播小美：我看到小虹已经哭了，而此时我的眼睛也在下着雨。但这是欣喜的泪水、是成功的满足。我和小虹通过这次项目，体会到乘风破浪的惊险和快乐！即使在直播销售的海上我们满面狼狈、全身湿透，我也为大家感到骄傲！

直播助播小虹：是的，我们都已经蜕变成更好的我们！但是“革命尚未成功，同志仍需努力”。让我们保持这份初心和激情，把接下来的收尾工作做好。

直播运营经理小王：为小虹的全局思维点赞。我们刚刚又接到一个新任务，希望大家能学以致用，一起去看看吧！

【任务拓展】

任务一：安吉白茶直播销售实战

直播带货作为近年来的一大风口，如今已经成为众多电商的主要线上营销方式之一，顾客可以通过直播更加直观地感受产品的各个细节及品质，因此要想做一场成功的带货直播，那么主播就应该懂得如何去介绍产品，正确地引导粉丝去下单购买。

请你运用所学知识，为博文创科技有限公司的产品“安吉白茶”，设计一份直播销售的直播脚本，包括直播暖场、直播解说、直播互动三个环节。

产品名称：安吉大山坞白茶。

产品特点：安吉白茶属绿茶类，形似凤羽，叶白脉翠，汤色清澈，滋味鲜醇，香气持久。安吉白茶含有的人体所需的18种氨基酸高于普通绿茶的3~4倍，多酚类含量低于其他绿茶，所以安吉白茶滋味特别鲜爽，没有苦涩味。白茶可以清热降火，让人清心除烦、安神定志，有助于健康良好的睡眠。“安吉白茶”被国家质检总局认定为原产地域保护产品。

任务二：安吉余村旅游直播实战

安吉余村位于安吉县北部山区，被誉为“绿水青山就是金山银山”的典范。余村地处风景秀丽的山水之间，环境优美，空气清新。村庄以其独特的生态环境和丰富的自然资源而闻名，成为生态旅游的热门目的地。余村倡导绿色发展理念，注重生态环境保护，致力于打造生态村庄。村内蜿蜒的小道、青山绿水、凉爽的气候，吸引着众多游客前来感受自然的美妙。在余村，人们始终秉承着“绿水青山就是金山银山”的理念，通过保护环境、发展乡村旅游等方式，使得村庄在绿色发展的道路上取得了长足的进步，展现出了生态与经济的和谐共生。

博文创科技有限公司与安吉余村旅游相关部门合作，开展旅游直播。现在安吉余村旅游部门要求：整场直播设计结合直播暖场、直播解说和直播互动三个层面，为观众呈现丰富多彩的旅游直播内容。

以下是具体的任务布置建议。

一、直播暖场任务

（1）引入乡村振兴主题：在直播开始前，用美丽的乡村风光或乡村文化元素做背景，展示乡村振兴取得的成就和发展前景。

（2）播放温馨乡村音乐：选用节奏欢快的乡村音乐暖场，营造轻松愉快的氛围，让观众感受乡村生活的美好。

（3）自我介绍并引入话题：主持人介绍自己的身份和直播主题，概述今天将要分享的乡村振兴内容，引导观众对主题有一定了解。

二、直播解说任务

（1）介绍乡村振兴政策：解说员详细介绍国家对乡村振兴的政策措施、推动力度和实施效果，让观众了解政策的重要性和影响。

（2）展示乡村振兴成果：结合实地视频或照片，展示乡村振兴项目的实施情况和取得的成就，向观众展示乡村发展的变化和发展前景。

（3）邀请专家进行讲解：邀请乡村振兴领域的专家学者进行现场讲解，深入解读乡村振兴政策和发展路径，为观众带来专业的知识。

三、直播互动任务

（1）观众提出问题：鼓励观众在聊天室中提出关于乡村振兴的问题，与解说员进行互动，增强观众参与感。

（2）互动访谈：邀请当地农民或乡村振兴项目负责人参与访谈，分享身边的乡村振兴故事，让观众了解实际的乡村振兴情况。

（3）互动抽奖：设置互动抽奖环节，观众在直播过程中留言、点赞或分享可参与抽奖，激发观众参与热情。

结合以上任务布置，以团队合作的形式，完成安吉余村旅游直播设计，完成直播脚本设计并实施解说。

【综合练习】

1. 为什么直播销售在电商行业中变得越来越流行？请列举至少三个原因。
2. 在进行直播销售时，主播应注意哪些关键因素以吸引观众的注意力和提高销售量？
3. 请说明直播销售中产品展示的重要性，并提供至少两种产品展示的方法或技巧。
4. 简述直播销售中如何进行有效的互动，以提高观众的参与度和销售转化率。
5. 直播销售的成功与失败往往取决于哪些因素？请举例说明。

项目六

直播服务

【项目概述】

直播运营小李：王经理，我们 HH 文创已经积累了比较多的粉丝，成交量也有了大幅提升。

直播运营经理小王：是的，但我们的直播服务工作仍然存在一些问题。我们服务的对象是粉丝和客户，因此直播服务主要包括直播间客户服务以及粉丝运营两项基本工作。客户服务是提升客户满意度与忠诚度的重要环节，而好的粉丝运营则能够增强粉丝黏性，从而提高成交转化率。因此，这两项工作都非常重要。

直播客服小闵：是的，王经理。那么，如何高质量地完成这两项任务呢？

【项目分析】

本项目分为两个任务，任务一：直播间客户服务，包括客服互动与答疑，客服售后与维护；任务二：直播间粉丝运营，包括管理直播间粉丝，维护直播间粉丝（图 6-1）。

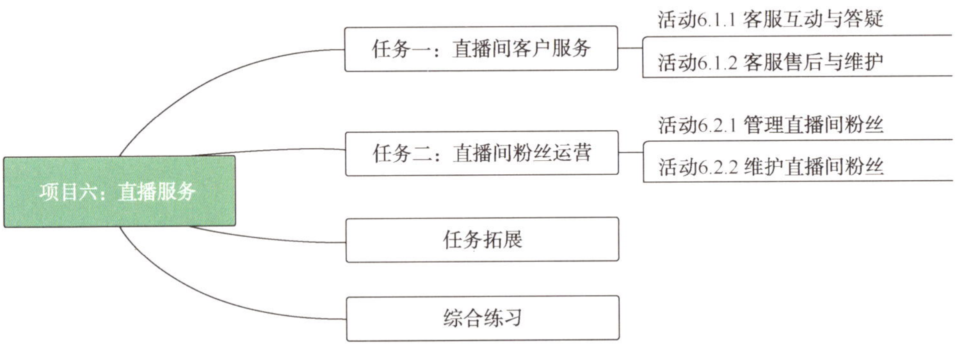

图 6-1　项目六思维导图

任务一　直播间客户服务

任务目标

知识目标：1. 掌握客服互动与答疑的主要内容及话术。
2. 掌握直播电商售后问题的处理方式和流程。

技能目标：1. 能够及时恰当地解答客户的相关疑问，与客户进行互动。
2. 有效处理不同类型的售后问题。

思政目标：1. 培养并提升学生服务意识和爱岗敬业的精神。
2. 提升学生交流沟通能力及分析问题、解决问题的能力。

任务描述

直播运营经理小王：小闯，你已经入职一段时间了，直播客服这项工作，还适应吗？

直播客服小闯：我还缺乏经验，需要不断学习。

直播运营经理小王：对的，与客户进行互动有很多技巧和话术，处理各种售后问题也有对应的方法和流程。没关系，公司下周会组织客服进行培训。

为了更好地完成工作，小闯积极参加了公司组织的客服培训，开始了客服知识的学习。

任务分析

任务详情见表 6-1。

表 6-1　任务单

任务	直播间客户服务	
子任务	客服互动与答疑	客服售后与维护
活动形式	2 人小组	2 人小组
活动要求	通过学习，了解客服互动与答疑的主要内容及话术，完成客服互动与答疑的活动任务	通过熟悉客服售后与维护的内容，掌握客服售后与维护的方法，完成客服售后与维护的活动任务
岗位标准	能及时且恰当地回答客户提出的不同问题，在提高成交转化率的同时，给予客户良好的购物体验	能根据不同类型的售后问题，进行相应的处理，带给客户良好的购物体验，从而提升自身形象和成交转化率
活动编号	活动 6.1.1	活动 6.1.2

任务实施

活动 6.1.1　客服互动与答疑

任务总领

在直播电商中，存在着有关商品细节、活动内容、快递物流、售后维护等方面的问题，不同的客户还会有不同的个性化问题，这是主播在直播间无法一一回复的，这些都需要专业的客服及时响应，在提高成交转化率的同时，给予客户良好的购物体验。

小组活动

1. 了解客服互动与答疑的内容及话术

登录抖音直播平台，进入某直播间，选择一个商品链接，点击“客服”，发送商品链接，与客服进行互动交流，了解并学习客服互动答疑的主要内容及话术。

____

____

____

____

____

2. 编写客服应答话术

背景材料：HH 文创正在举办周年庆活动，推出了“两件 8 折，三件 7 折，四件 6 折”的促销活动。

根据背景材料，为 HH 文创完成表 6-2 所列场景的应答话术编写。

表 6-2　应答话术

场景	话术内容
客户首次发来商品链接	
客户：这件连衣裙是什么材质？会起球吗？L 码胸围多少，腰围多少？	
客户：这件连衣裙的价格太高了，我看到别家同款售价要低一些，可以便宜一些吗？	

续表

场景	话术内容
客户：两件 8 折和直播间领取的优惠券可以叠加使用吗？还有没有其他优惠？	
客户已提交订单，但迟迟未付款。	
交易完成	

知识链接

客服互动与答疑的主要内容

1. 迎接问好

迎接问好是客服接待客户的第一步。一方面，一定要做到响应及时，响应时间的快慢会直接决定客户的去留；另一方面，在沟通过程中，客服要热情、真诚，从而给客户留下良好的第一印象，提高成交率。

2. 产品咨询

商品相关问题包含质量、适配度、功能等。客服应熟悉产品的基础知识和周边知识，并能够对本店商品和竞品的各种优劣势进行详细比较，采用数据、证书等直观的说明方式，从店铺的服务及商品的定位、包装、质量等方面突出本店商品的优势。

3. 处理议价

很多客户在询单过程中会提出议价的要求，这时客服应该应用说服技巧，透彻地分析并讲解商品在设计、质量、功能等方面的各种优点，从而证明商品的定价是合理的。

4. 活动介绍

客服应该在促销活动开始前，非常熟练地掌握活动规则及店铺促销策略。这样，在客户提出相关问题时，才能够及时准确地做出回复。将真实、优惠的特价商品作为引导客户立即购买的催化剂。

5. 追单催付

在客户已进行产品咨询，还没有下单的情况下，客服要积极追单；而在客户已下单，还没有支付的情况下，客服要巧妙催付。追单催付需要在客户不产生厌恶情绪下提高成交转化率，客服首先要了解客户未下单或未付款的原因，然后把握恰当的时机，并运用不同的方式、技巧进行追单催付。

6. 礼貌告别

无论成交与否，客服都应该礼貌地与客户告别。这样可以给客户留下良好的印象，为下一次的交易赢得机会。

活动指导

表 6-3 客服互动与答疑的话术

流程	话术
迎接问好	尊敬的客户，您好！欢迎光临 HH 文创旗舰店，我是客服小刘，很高兴为您服务。
解答疑问	亲亲，您好！这条连衣裙选用的是 100%山羊绒面料，舒适保暖，非常适合这个季节穿，喜欢的话可以下单购买哦。
议价回复	亲亲，实在抱歉哦！这件外套的直播间价格已经是最优惠的了，这是我们当季的热销新款呢。
活动介绍	亲亲，您好！我是客服小刘，我们店铺现在正在参与新势力周活动，两件 8 折，三件 7 折，同时叠加跨店满减优惠“满 200 减 30”，喜欢可以加购哦！
追单催付	亲亲，限时优惠即将结束，请抓紧时间下单，以免错过优惠哦！ 亲亲，您在本店拍下的宝贝还没有付款呢，我们 4 点就要发货了，晚了就要拖到明天给您发货了！
礼貌告别	亲，感谢您的信任，欢迎下次光临！

活动 6.1.2　客服售后与维护

任务总领

直播电商客服售后与维护是有效保持客户满意度与忠诚度的重要环节，好的售后服务能够带给客户良好的购物体验，从而提升自身形象和成交转化率。客服售后与维护的内容主要包括退换货处理、交易纠纷处理、评价管理几个方面。

小组活动

以小组为单位，根据表 6-4 中的问题场景判定以下几种情况分别属于哪种纠纷类型，并给出合适的处理方法。

表 6-4 问题场景

序号	问题场景	纠纷类型	处理方法
1	这件连衣裙的质量也太差了吧，才穿了一次下摆就开线了，真是太无语了！		
2	这套护肤品根本就不是正品，外包装和我以前在实体店买的不一样，你们这是公然卖假货吗？		
3	我买的米粉为什么都三天了还查不到物流信息，我急着用呢，这也太耽误事了吧！		
4	你们这是什么态度，我的问题都反映了好几天了，还没给我处理？		

知识链接

客服售后与维护的主要内容

1. 退换货处理

在直播电商中，商品售出后，部分客户会因为商品原因或个人原因申请退换货。作为客服人员，要熟悉退换货规则，熟练掌握退换货的处理方法和流程，耐心与客户沟通，并积极协助客户完成退换货操作，保障客户合法权益。退换货一般包括仅退款、退货退款、换货、申请保价等。

2. 交易纠纷处理

售后服务中的交易纠纷处理是一个综合性的工作，需要客服人员具备良好的沟通能力及解决问题的能力。当发生售后服务纠纷时，应与客户积极沟通，并妥善解决，征得客户谅解，提升客户的满意度，维护自身的形象和利益。售后纠纷的类型和处理方法如表 6–5 所示。

3. 评价管理

评价是客户挑选商品的重要考虑因素之一。好评会增强客户的购买欲，促进转化率的提升，反之，中差评则会严重影响客户的信任度，降低成交转化率，因此，应把控好商品、物流、服务等各个细节，最大限度地避免中差评的出现。商家一定要重视评价管理。对于好评，要及时回复并表达感谢之情。对于中差评，则要及时与客户沟通，查明原因。如果确实存在过错，诚恳地向客户道歉，并提出补救措施。在与客户达成一致后，尽可能说服客户修改中差评。

活动指导

表 6–5　售后纠纷的类型和处理方法

序号	纠纷类型	处理方法
1	商品纠纷	① 产品质量不过关：请买家提供图片或证明，确认是质量问题，积极进行退货退款处理 ② 顾客质疑商品是假货：可以出示有关商品的鉴定书、授权书等一系列证明向顾客耐心解释，说服顾客 ③ 买家使用方法不当：可提供说明书、操作视频等，引导买家正确使用商品
2	服务纠纷	① 客服态度敷衍：树立良好的服务意识，以客户为中心，积极与客户沟通交流，热情真诚地对待客户 ② 服务技能欠缺：通过不断学习提升自己的专业技能、沟通能力，及时有效处理客户问题
3	物流纠纷	① 无物流信息：帮助顾客查询商品的物流信息，并在第一时间反馈给顾客 ② 包裹有破损：应端正态度，诚恳向顾客解释道歉，征得顾客谅解 ③ 派错件：立即向快递公司反映，第一时间将错件取回并向客户表达歉意

素养小贴士

作为电商直播客服人员，一方面，应树立良好的服务意识，在工作时要时刻以客户为中心，保持良好的工作态度，热情真诚地对待客户；另一方面，要通过不断学习提升自己的服务技能，赢得客户的信任，营造良好的直播购物环境。

【任务评价与反思】

根据考核内容，学生完成自我小结并进行自评打分。教师根据学生活动情况进行点评并完成教师打分。按照“自评分 20%+互评分 30%+专业教师评分 50%”的方式计算得分，填写表 6-6。

表 6-6　任务综合评价表

班级：　　　　　　　　　　姓名：

项目六：任务一　直播间客户服务							
序号	评价项目	测评标准	分值	自评 20%	互评 30%	教师 50%	得分
1	客服互动与答疑	能及时且恰当地回答客户提出的不同问题，在提高成交转化率的同时，给予客户良好的购物体验	50				
2	客服售后与维护	能根据不同类型的售后问题，给出合适的处理方法，带给客户良好的购物体验，从而提升自身形象和成交转化率	50				
合计			100				

任务二　直播间粉丝运营

任务目标

知识目标：1. 了解管理直播间粉丝的方法，以及数据分析、社群运营、营销推广的作用。

2. 掌握维护直播间粉丝的各种方法。

技能目标：1. 能够开通抖音数据看板，查看粉丝数据。
2. 能够在直播电商平台创建粉丝群，并通过各种方式维护粉丝。

思政目标：1. 树立正确的职业价值观，提升学生解决问题的能力。
2. 维护良好的直播消费环境，促进直播带货业态的健康发展。

任务描述

直播运营小李：王经理，我发现直播过程中存在一个普遍现象，部分用户在观看较短时间后就直接退出直播间，而部分用户停留在直播间的时间较长，并且会购买商品。

直播运营经理小王：是的，所以我们要做好粉丝管理和维护工作，从而提升成交转化率。你先策划一个粉丝运营方案。

直播运营小李：好的，我这就去做。

小李先与小王商议了 HH 文创的直播粉丝运营方案制定工作，然后在小王的指导下开始投入具体工作中。

任务分析

任务详情见表 6-7。

表 6-7　任务单

任务	直播间粉丝运营	
子任务	管理直播间粉丝	维护直播间粉丝
活动形式	3~4 人小组	3~4 人小组
活动要求	通过学习，了解管理直播间粉丝的方法，以及数据分析、社群运营、营销推广的作用	通过学习，了解维护直播间粉丝的各种方法
岗位标准	能够利用“抖音数据看板”功能进行简单的数据分析，并能够创建抖音粉丝群，进行粉丝群的日常运营	能够通过多种渠道与粉丝保持良好互动，输出优质内容吸引粉丝，给粉丝发放各种福利
活动编号	活动 6. 2. 1	活动 6. 2. 2

任务实施

活动 6. 2. 1　管理直播间粉丝

任务总领

在直播中，粉丝的管理非常重要。一个良好的粉丝管理系统可以帮助主播更好地与粉丝进行互动，增强粉丝的黏性，提高直播间的人气。

小组活动

1. 开通抖音“数据看板”

登录抖音直播平台，开通抖音“数据看板”，查看数据分析结果。

2. 根据 HH 文创品牌的背景和直播目的，完成表 6-8 的相关任务

表 6-8 相关任务

序号	任务名称	方法
1	创建“HH 文创粉丝群”	
2	引导粉丝加入粉丝群	
3	粉丝群日常运营	

知识链接

管理直播间粉丝的方法

1. 数据分析

定期进行数据分析是提升粉丝运营效果的关键。通过对粉丝的画像分析、消费行为分析等，可以了解粉丝的需求和偏好，从而制定合理的推广策略。

进行数据分析可以利用抖音数据看板或第三方数据分析工具。

2. 社群运营

粉丝社群是直播平台运营的核心，通过建立粉丝社群、组织社群活动、提供社群服务等手段，能够促进与粉丝的交流互动，提高用户黏性和忠诚度，从而实现用户增长和销售收益。

3. 营销推广

通过有效的营销推广手段，也可以增加粉丝数量，提高购买率。除利用抖音直播功能、社交媒体等进行推广营销外，还可以借助一些付费推广工具，如巨量千川、小店随心推、DOU+、AD 信息流等，帮助广告主投放广告，高效达成营销推广的目的。

活动指导

数据分析的方法

1. 抖音数据看板

步骤 1：打开抖音 App，点击“我”按钮，然后点击右上角的“菜单”按钮，选择侧边栏的“抖音创作者中心”选项，如图 6–2 所示。

步骤 2：进入“抖音创作者中心”界面后，点击“开通数据看板能力”按钮，如图 6–3 所示。

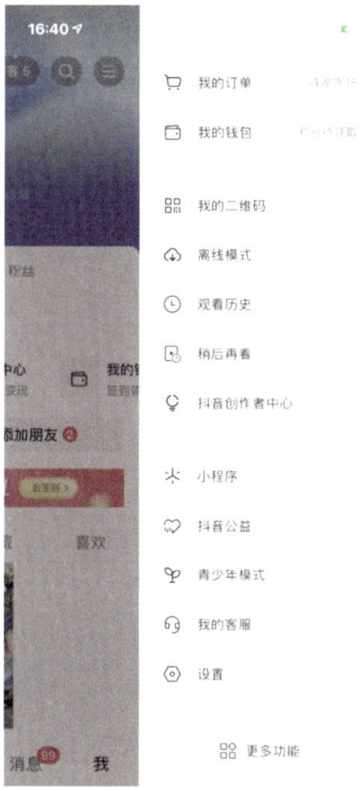

图 6–2 “菜单”界面

图 6–3 “抖音创作者中心”界面

步骤 3：向上滑动界面，将界面滑动到底部，点击“立即开通”按钮，即可开通数据看板，如图 6–4 所示。

成功开通数据看板后，进入“数据中心”界面，即可查看“总览”“数据全景”“作品数据”和“粉丝数据”等分析结果，如图 6–5 所示。

2. 第三方数据分析工具

除了可以利用“抖音数据看板”进行数据分析，还可以运用第三方数据分析工具，常用的第三方数据分析工具有蝉妈妈、抖查查、飞瓜数据、新榜等。

图 6-4 “开通数据看板”界面

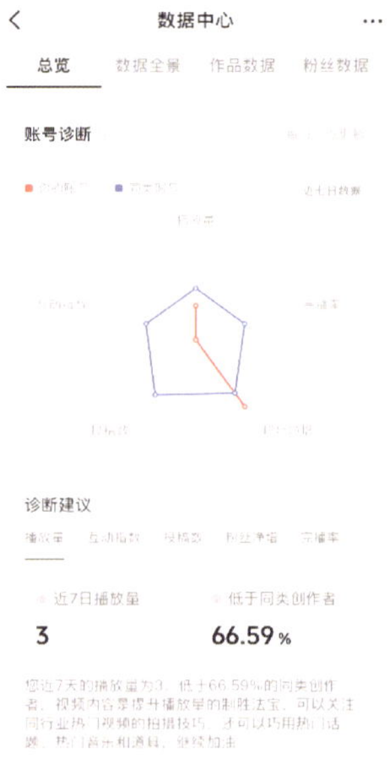

图 6-5 “数据中心”界面

抖音粉丝群的创建方法

步骤 1：打开抖音 App，点击“我”按钮，然后点击右上角的“菜单”按钮，选择侧边栏的“抖音创作者中心”选项，如图 6-6 所示。

步骤 2：进入“抖音创作者中心”界面后，点击“主播中心”按钮，如图 6-7 所示。

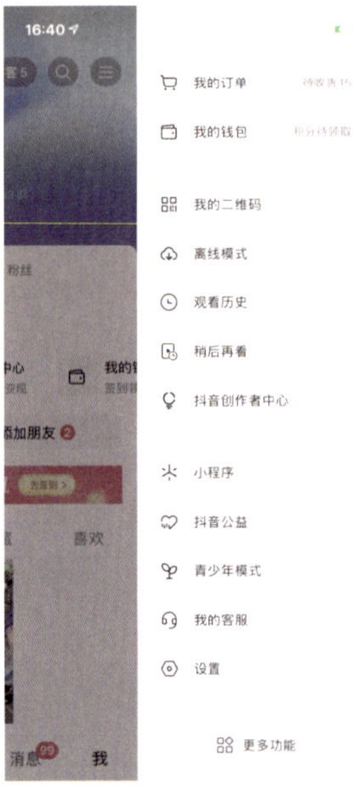

图 6-6 “菜单”界面

图 6-7 “抖音创作者中心”界面

步骤 3：点击“更多”后，点击“粉丝群”按钮，如图 6–8 所示。

步骤 4：在“粉丝群管理”界面中，点击“立刻创建粉丝群”按钮，如图 6–9 所示。

步骤 5：页面会显示“成功创建粉丝群”，如果需要邀请粉丝进群，可以点击“快捷邀请铁粉”进行邀请，如图 6–10 所示。

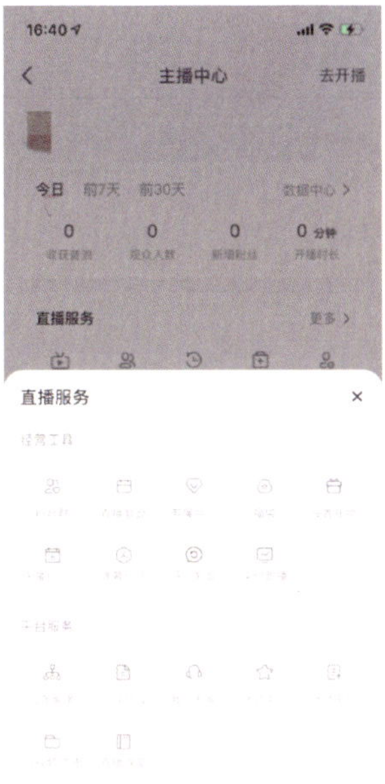

图 6–8　“主播中心”界面

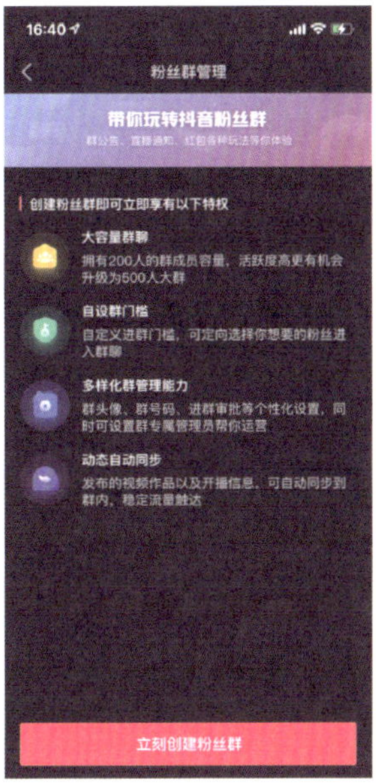

图 6–9　“粉丝群管理”界面

图 6–10　“粉丝群”界面

完成创建后，可以邀请粉丝进群，还可以设置粉丝群基本信息，发布群公告，设置群管理等。完成以上步骤后，就可以成功创建并运营抖音粉丝群了。

引导粉丝加入粉丝群

1. 将粉丝群名称展示在直播账号主页；
2. 在直播间引导大家加入粉丝群，并告知入群方法；
3. 利用其他社交媒体，如微博、微信公众号，发布有关群内活动的视频等，吸引更多的粉丝入群。

粉丝群日常运营

1. 建立规范的管理制度，维护群内的秩序；
2. 加强内容输出，提供有价值的信息；
3. 及时回复粉丝的留言、咨询，保持与粉丝的互动；
4. 定期举办社群活动，如抽奖、粉丝见面会等。

活动 6.2.2　维护直播间粉丝

任务总领

在获得粉丝关注后，直播团队后期还要注重维护粉丝，从而提高粉丝的活跃度、增强粉丝黏性，让直播带货效果最大化。

小组活动

学习案例，探究方式

登录抖音直播平台，选择两个人气差别比较大的丝绸销售的直播间进行观看，小组合作，交流两个直播间用到的维护粉丝的方式及作用，填写表 6-9。

表 6-9　直播间比较

<table>
<tr><th>直播间 1</th><td rowspan="4">VS</td><th>直播间 2</th></tr>
<tr><td>直播间名称：</td><td>直播间名称：</td></tr>
<tr><td>直播人气：</td><td>直播人气：</td></tr>
<tr><td>维护粉丝方式：</td><td>维护粉丝方式：</td></tr>
<tr><td colspan="3">我的感悟：</td></tr>
</table>

知识链接

维护直播间粉丝的方式

1. 保持互动

与粉丝保持互动是粉丝维护的关键。可以定期在社交媒体上发布有趣的内容，回复粉丝的留言和评论，组织线上问答、抽奖等活动。通过这些方式，加强与粉丝之间的联系，增强粉丝的参与感和归属感。

2. 多渠道互动

移动互联网技术的发展为商家与粉丝的互动提供了多种渠道，主播及其团队可以通过各种渠道强化与粉丝之间的互动。除线上互动外，主播可以定期开展一些线下活动，如粉丝见面会、签名会等，这样能够让粉丝更加亲近和信任主播，提高粉丝的黏性和忠诚度。

3. 输出优质内容

发布高质量、有吸引力的内容是吸引和留住粉丝的关键。通过创新的视频内容、独特的表现形式和精准地瞄准受众的方式，可以在众多抖音账号中脱颖而出。在制作视频时要注意画面清晰、音质良好，同时内容也要符合用户的喜好和兴趣。通过不断改善和创新内容，吸引更多的粉丝关注和参与，从而稳固粉丝关系。

4. 发放粉丝福利

发放粉丝福利是维护粉丝的重要手段之一。主播可以在直播间发送红包或定期举办抽奖、送礼品等活动，回馈粉丝的支持和关注；也可以发放一些粉丝专属的商品优惠券，不仅有利于调动粉丝的情绪，还可以进一步促进商品的销售。

【任务拓展】

电商直播助力乡村振兴、三农，创作者如何破解流量密码？

三农作为短视频直播领域的高热赛道，已涌现出李子柒、潘姥姥等多个现象级案例。许多多作为三农赛道的“新农人”，却陷入了如下困境：账号做了几个月，只有几百个粉丝，直播间观看人数只有个位数，总共只卖出了十几单。

同学们，你们能分小组帮许多多策划一个粉丝运营方案，帮助许多多摆脱目前的困境吗？

素养小贴士

2023年“助农直播”乡村振兴发展论坛在北京举办，共商“助农直播”新思路、新角度、新路径。人民文旅副总经理李菲表示，乡村振兴发展需要具有全局性、系统的思维。首先是品牌建设，明确区域品牌的定位和核心价值，打造有特色和亮点的标杆品牌。其次是流量的引入，借助头部流量平台及主播达人的“直效”传播力赋能区域品牌的强效转化。同时，随着大数据、人工智能等数字技术飞速发展，打造数字化的综合服务体系，提供乡村振兴一站式营销服务已经是不可阻挡的趋势。

【任务评价与反思】

根据考核内容，学生完成自我小结并进行自评打分。教师根据学生活动情况进行点评并完成教师打分。按照“自评分20%+互评分30%+专业教师评分50%”的方式计算得分，填写表6-10。

表 6-10　任务综合评价表

班级：　　　　　　　　　　　　姓名：

项目六：任务二　直播间粉丝运营							
序号	评价项目	测评标准	分值	自评 20%	互评 30%	教师 50%	得分
1	管理直播间粉丝	能够利用“抖音数据看板”功能进行简单的数据分析，并能够创建抖音粉丝群，进行粉丝群的日常运营	50				
2	维护直播间粉丝	能够通过多种渠道与粉丝保持良好互动，输出优质内容吸引粉丝、给粉丝发放各种福利	50				
合计			100				

【综合练习】

1. 客服互动与答疑的主要内容技巧有哪些？

2. 直播电商售后服务的内容主要包括哪几个方面？

3. 管理直播间粉丝的方法有哪些？

4. 维护直播间粉丝的方法有哪些？

5. 如果你是一名小有名气的抖音短视频博主，粉丝量已达 10 万。近期却发现粉丝流失现象较为严重，且直播销量不理想。分析后发现原因在于直播服务不够完善，接下来你会如何做？

6. 直播电商客服应具备哪些基本素养？

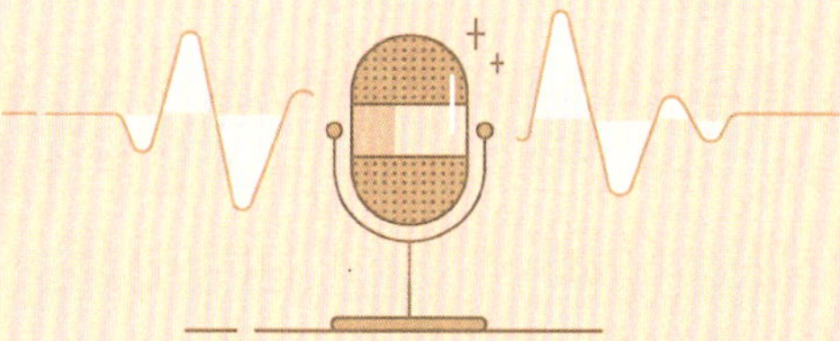

项目七

直播复盘

【项目概述】

直播主播小美：王经理，直播结束啦，你怎么还在忙呢？

直播运营经理小王：我们如果想要在直播行业立稳脚跟，需要主播的专业素养和商品的支撑，但想要在众多直播作品中脱颖而出，还需要对每场直播的数据进行分析和总结。

直播主播小美：经理，什么是直播数据分析呢？

直播运营经理小王：直播数据分析就是通过收集、处理、分析和展示直播相关的数据，来评估直播的效果，发现直播的问题，优化直播的策略，提升直播的水平。

直播主播小美：直播数据分析有什么作用呢？

直播运营经理小王：直播数据分析是直播运营的重要环节，通过对流量、转化、商品、用户、互动等维度的数据指标的收集、处理、分析和展示，可以有效地评估直播的效果，为之后的直播工作提供指导。

直播主播小美：好的，那我们一起看看直播数据分析有哪些内容吧。

【项目分析】

本项目分为两个任务，任务一：直播数据采集与分析，包括数据采集的核心数据指标和数据采集工具，以及数据分析重点；任务二：直播优化，包括分析直播视频和优化各个模块(图 7-1)。

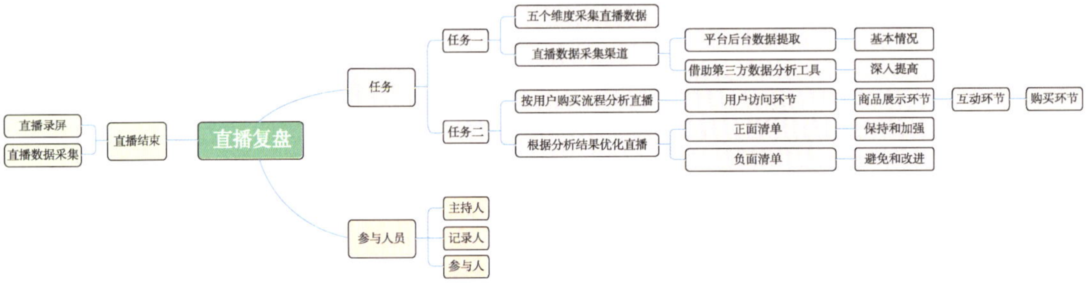

图 7-1　项目七思维导图

任务一　直播数据采集与分析

任务目标

知识目标：1. 能够明确直播数据分析包含哪些具体内容。
2. 主要掌握五个维度的直播数据采集方法。

技能目标：1. 通过掌握直播数据采集工具的使用方法，学会分析、比对直播营销活动的效果。
2. 通过分析、比对直播数据，对直播工作进行评价管理和改进。

思政目标：1. 直播的数据需要保持真实客观诚信，需要对直播专业涉及的法律、道德规范有一定的了解。
2. 提高学生对商业数据的敏感度，培养学生诚信、敬业等价值观。

任务描述

直播运营经理小王：小张，我们最近这次直播销售的 3 款绿色有机水果干农产品，各指标和上次相比有什么变化吗？

直播数据分析员小张：经理。我正在通过平台查看我们这场直播的各项数据。

直播运营经理小王：你先比对分析，不光是平台数据，多用几个第三方数据分析工具，尽快把分析比对的结论告诉我们，我们开会讨论为下一场直播做准备。

直播数据分析员小张：好的，经理，我尽快完成。

任务分析

任务详情见表 7-1。

表 7-1　任务单

任务	直播数据采集与分析	
子任务	了解直播数据采集内容	了解直播数据采集工具
活动形式	2 人小组	2 人小组

续表

任务	直播数据采集与分析	
活动要求	通过学习，从五个维度收集直播数据	通过熟悉了解不同类型的直播数据采集工具，更好地完成直播作品的数据采集
岗位标准	能准确分析提炼直播作品的流量、关注度、互动程度、转化率等重要数据	根据直播作品类型，选择一个或多个合适的直播数据分析工具，多方面分析直播数据
活动编号	活动 7.1.1	活动 7.1.2

任务实施

活动 7.1.1　直播数据指标内容

任务总领

直播团队在进行直播数据采集和分析时，需要考量流量、转化、商品、用户、互动等多维度综合因素。直播团队只有结合多方因素进行综合分析和比对，才能对直播进行客观准确的评价。

小组活动

以农产品直播为例，分析农产品直播的流量数据，并填写表 7-2。

表 7-2　直播数据采集

直播数据采集		
1	农产品直播流量来源数据分析	我们的流量主要来源于平台推荐和一些自主关注我们的粉丝用户。
2	农产品直播流量来源数据评价和优化方向	说明我们的产品流量稳定，如果后期加强推送，我们应该可以吸引更多流量，更好地服务社会经济。

知识链接

一、明确直播数据采集内容

明确直播采集内容是直播数据采集分析的第一步，直播重要数据指标包含以下几个维度的内容。

1. 流量维度

流量是直播的活力源，没有一定的流量就不可能完成目标成交量。

流量维度的数据指标主要有 4 个来源(见表 7-3)。

表 7-3　流量来源分析

序号	流量来源	具体内容
1	直播推荐	是指从直播频道里引进的流量
2	关注	是指通过分享直播间的链接或者二维码的方式进入直播间产生的流量数据
3	开播推送	是指在开播之后在互动面板设置了粉丝推送，买家通过系统的推送进入到直播间的数据
4	分享回流	是指分享直播间的链接或者二维码的方式进入直播间产生的数据

流量维度的数据分析目的是找出直播的流量来源，流量变化的原因，流量的质量和特征，以及流量的优化方向。

流量维度还有其他一些重要数据需要收集(见表 7-4)。

表 7-4　流量维度指标分析

序号	流量维度指标	具体内容
1	最高在线	最高在线是指直播间在某一时刻的最高观看人数，反映了直播的人气和热度。最高在线越高，说明直播的内容越有趣，能够激发观众的参与和互动
2	场观	场观是指这一场直播有多少人来观看过，可以换算成每小时的场观来进行对比，查看流量的变化。场观越高，说明直播的吸引力越强，有更多的机会实现转化和成交
3	粉丝平均停留时长	粉丝平均停留时长是指粉丝在直播间的平均观看时间，反映了直播的黏性和质量。粉丝平均停留时长越长，说明直播的内容越符合粉丝的需求和喜好，能够提高粉丝的忠诚度和复购率
4	粉丝回访	粉丝回访是指在一场直播中，粉丝多次进入直播间的次数，反映了直播的吸引力和留存力。粉丝回访越多，说明直播的内容越有吸引力，能够提高粉丝的活跃度和转化率

2. 转化维度

产品是直播的目标，转化的高低直接影响了直播的收入和回报。转化维度的数据指标见表 7-5。

表 7-5　转化维度指标分析

序号	转化维度指标	具体内容
1	直播销售额	直播销售额是指直播中实现的商品的销售金额，是衡量直播带货能力最直接的数据指标。直播销售额越高，说明直播的效果越好，能够提高直播的收益和利润
2	产品点击次数	产品点击次数是指直播中商品被点击的次数，反映了商品的曝光度和关注度。商品点击次数越多，说明商品的吸引力越强，有更多的机会实现成交和复购

续表

序号	转化维度指标	具体内容
3	产品转化率	产品转化率是指直播中实现的商品的成交笔数占商品的点击次数的比例，是衡量直播带货效率的重要数据指标。产品转化率越高，说明直播效果越好，同时能够降低直播的成本和风险
4	产品复购率	产品复购率是指直播中实现的商品复购笔数占商品成交笔数的比例，是衡量直播带货质量的关键数据指标。产品复购率越高，说明直播的商品质量越好，能够提升直播的口碑和信誉度

本次农产品直播中几种农产品点击率排行相差不多，这和我们的三款产品是同质产品，区别不大是符合逻辑的，如果我们在直播中重点推出一款特殊农产品，我们的产品点击率就会与其拉开差距。

产品是直播的基础，产品的选择和展示直接影响了直播的流量和销售量。转化维度的数据分析目的是了解直播的销售情况，找出影响销售的因素。例如，通过分析直播销售额的变化，可以发现直播的成交规模和成长趋势，从而制定直播的目标；通过分析直播转化率的变化，可以发现直播商品的吸引力和竞争力，从而优化直播的选品和定价；通过分析直播复购率的变化，可以发现直播商品的满意度和忠诚度，从而提高直播的服务和售后服务质量。

3. 粉丝维度

粉丝是直播的重点，也是直播的受众，粉丝的需求和喜好直接影响了直播的内容和形式。粉丝维度的数据指标见表 7-6。

表 7-6 粉丝维度指标分析

序号	粉丝维度指标	具体内容
1	粉丝画像	粉丝画像是指直播间访问者的基本属性和特征，包括年龄、性别、地域、兴趣、偏好等，反映了直播的受众群体和市场定位。粉丝画像越清晰，说明直播的内容越符合用户的需求和喜好，能够提高直播的匹配度和精准度
2	粉丝来源	粉丝来源是指直播间用户的进入渠道和路径，包括搜索、推荐、关注、分享、活动等，反映了直播的流量来源和流量质量。用户来源越多样，说明直播的流量越广泛，能够提高直播的曝光度和覆盖度
3	粉丝行为	粉丝行为是指直播间用户的观看和互动行为，包括点击、评论、点赞、送礼物、购买、复购等，反映了直播间的用户参与度和用户价值。用户行为越积极，说明直播间的用户越忠诚，能够提高直播的转化率和复购率
4	粉丝变化	通过分析粉丝画像的变化，可以发现直播的目标用户和市场空间，从而调整直播的内容和形式；通过分析粉丝来源的变化，可以发现直播的流量渠道和流量效果，从而优化直播的推广和引流；通过分析粉丝行为的变化，可以发现直播的用户满意度和用户忠诚度，从而提高直播的服务和售后质量

本次农产品直播中，我们的粉丝观看时长比较稳定，有部分新增粉丝(见图 7-2)。这说明我们直播和产品基本达标，如果后期加强优化，我们应该可以吸引更多稳定粉丝观看和回购。

图 7-2　农产品粉丝数据部分展示

4. 互动维度

互动是直播的特色，互动的多少直接影响了直播的氛围和效果。互动维度的数据指标见表 7-7。

表 7-7　互动维度指标分析

序号	互动维度指标	具体内容
1	弹幕数量	弹幕数量是指直播中用户发送的弹幕的数量，反映了直播的气氛和热度。弹幕数量越多，说明直播的内容越有趣，能够激发用户的参与和互动
2	弹幕词	弹幕词是指直播中用户发送的弹幕的内容，反映了直播的话题和反馈。弹幕词越丰富，说明直播的内容越多样，能够获取用户的意见和建议
3	礼物数量	礼物数量是指直播中用户送出的礼物的数量，反映了直播的支持和收入。礼物数量越多，说明直播的内容越受欢迎，能够增加直播的收益和利润
4	礼物种类	礼物种类是指直播中用户送出的礼物的种类，反映了直播的价值和档次。礼物种类越多样，说明直播的内容越有价值，能够提升直播的品牌和形象

互动维度的数据分析目的是了解直播的互动情况，找出互动的影响因素，互动的优势和劣势，以及互动的提升方法。例如，通过分析弹幕数量的变化，可以发现直播的气氛和热度，从而调整直播的节奏和互动；通过分析弹幕词的变化，可以发现直播的话题和反馈，从而优化直播的内容和形式；通过分析礼物数量和种类的变化，可以发现直播的支持和收入，从而提高直播的价值和效果。

5. 内容维度

直播内容很难有具体的评判指标，风格各异的直播比比皆是，比如说总裁都进直播间了，明星也进直播间了，利用明星效应吸引粉丝，在直播间的具体数据也有体现，可以设想未来评判明星商业价值的标杆就是请他走进直播间推销带货。

我们这次农产品推广也是我们的当地村播计划，请了县长为我们带货。我们直播行业去年到今年请了 300 多位县长，还有农民主播，10 省联动全民公益。

内容维度的指标值得我们在现实中，根据不同的产品类型，不同的粉丝受众，甚至不同的平台，用积极、发展、变化的思路来进行收集和总结。

二、直播数据采集工具

与传统的营销活动不同，直播间带货的效果评测指标更加专业并且多元化，为了更好地了解观众喜好和直播效果，直播间分析工具应运而生。接下来我们将一起去了解直播数据采集工具的种类及作用。

1. 直播平台管理后台(直播中控)

我们从直播平台的管理后台可以进行数据概览、直播分析、达人分析、商品分析、服务分析、营销分析等。

直播中控：显示单场直播详细数据，包括直播间流量变化、热度趋势、互动趋势、商品成交转化等数据。

2. 第三方直播数据分析工具

如果不会数据分析，就想把直播做起来，如同盲人摸象。想要做好直播工作，除了会利用直播平台管理后台，还得学会巧妙运用第三方数据分析工具。目前市面上比较有代表性的第三方数据分析工具见表 7-8。

表 7-8　第三方数据分析工具

序号	第三方数据分析工具	具体特点
1	巨量星图	巨量星图是抖音数据的直接来源，比较官方、准确、全面；而且数据分析也是多维度的，非常精准
2	飞瓜	飞瓜数据是一个专业的短视频数据分析平台。它的功能很齐全，可以做单个抖音号的数据管理，查看日常的运营情况；也可以对单个视频做数据追踪，知晓它的传播情况。主要针对用户对象是电商公司、直播运营公司、新媒体运营公司、广告流量投放公司等
3	蝉妈妈	蝉妈妈数据是一款垂直于抖音短视频电商的数据分析服务平台，提供抖音直播、短视频、爆款商品、视频素材和 DOU+精准 ROI(投资回报率)等抖音生态数据服务

(1) 巨量星图

巨量星图的前端界面有大量的页面交互效果，观赏性很强(如图 7-3 所示)；同时官网上附有大量的教学视频，方便商家跟达人学习操作；此外还有专门针对带货的传播表现、受众分析、电商带货三个专业的数据分析。

(2) 飞瓜

飞瓜的主要优势有：多平台的数据整合，有抖音、快手、B 站等主流短视频平台；大数据追踪短视频流量趋势；账号内容定位、粉丝增值、粉丝画像、流量变现等数据的呈现比较直观、全面；提供单条视频带货量、报价、达人画像等；专业做账号运营，在行业内具有一定知名度。

图 7-3　巨量星图界面

（3）蝉妈妈

蝉妈妈的要优势有：可以提供多维度分析，不管是店铺数据还是达人数据，都有全面的数据分析；可以通过蝉妈妈找直播、找达人、找品牌、找商品、广告投放等；实现通过直播监控数据大屏查看流量来源和成交转化率；提供星图达人榜、达人热度榜、MCN 机构榜、抖音销量榜等数据总结和参考（如图 7-4 所示）。

图 7-4　蝉妈妈界面

素养小贴士

直播运营经理小王：前段时间有个直播带货特别火爆，是大学生在学校深化“产教融合共同体”发展模式，通过农产品进校园、三下乡、直播助农等活动，助力乡村产业发展。你有什么看法吗？

直播编导小赵：经理，国家政策号召百家农户百家富，电商直播助农活动，为学校产教融合和乡村振兴战略汇入了一股新的生命力。大学生参与其中也是学校思想政治教育工作模式的创新，把思政教育放在田间地头，放在乡村振兴助农直播间，让乡间思政课在祖国青年一辈中有了更大的亲和力和普适性，让学生在服务中学习，在学习中成长，在成长中参与国家乡村振兴建设，意义深远。

【思考与探究】

同学们，你们能针对五个维度指标举出具体实例描绘一场直播的效果吗？能列举出最重要的维度指标吗？

你们如果要在抖音上准备一场农产品带货直播，请问大家选择什么样的直播数据分析工具呢？为什么呢？

活动指导

职业学校电子商务专业学生小新近期参加了学校和当地知名农业企业的惠农直播活动，直播结束后，小新想用自己的专业知识，对本次直播进行数据分析。

农产品带货直播数据分析		
1	主要数据内容	
2	直播数据分析	

【任务评价与反思】

根据考核内容，学生完成自我小结并进行自评打分。教师根据学生活动情况进行点评并完成教师打分。按照“自评分 20%+互评分 30%+专业教师评分 50%”的方式计算得分，填写表 7-9。

表 7-9　任务综合评价表

班级：　　　　　　　　　　姓名：

项目五　任务一　直播暖场							
序号	评价项目	测量标准	分值	自评 20%	互评 30%	教师 50%	得分
1	直播主要数据	能多维度对直播作品进行数据提取	50				
2	直播数据分析	能根据直播数据，分析数据背后的形成原因	50				
合计			100				

活动 7.1.2　直播数据分析

任务总领

在直播行业工作，如果不会数据分析，就如同盲人摸象，摸石头过河。直播数据的分析对直播平台和主播来说具有重要的指导意义。通过对直播数据的深入分析，可以帮助直播平台和主播了解观众的喜好，优化内容，提升用户体验，增强用户黏性，进而实现商业价值的最大化。本节我们将一起学习直播数据分析。

小组活动

表 7-10　直播数据分析

直播数据分析		
1	直播数据分析主要内容	
2	直播数据分析	

知识链接

一、分析直播数据

直播数据分析包含了三个方面的内容：观众数据分析（见表 7-11），直播内容数据分析（见表 7-12），营销效果数据分析（见表 7-13）。

表 7-11　观众数据分析

序号	数据指标	具体内容
1	观众画像	观众画像分析是对观众的年龄、性别、地域、职业等特征进行分析描述，可以帮助直播平台和主播更好地把握目标用户群体。通过了解观众画像，可以针对不同的人群制定相关内容和运营策略
2	观众行为	观众行为分析是对观众在直播过程中的行为进行跟踪和分析。包括其观看时长，观看频次，以及点赞、评论、分享等行为。这些行为可以反映出观众对直播内容的喜好和兴趣度，通过分析这些数据可以为主播提供针对性的内容优化建议
3	观众兴趣	用户兴趣分析是通过观众在直播平台的历史观看行为和偏好来了解观众的兴趣爱好，并为其推荐相关的直播内容。通过兴趣分析，可以帮助主播更好地理解观众需求，提供更加个性化和有吸引力的直播内容，提升用户黏性

表 7-12 直播内容数据分析

序号	数据指标	具体内容
1	直播热点	直播热点分析是通过对直播过程中的关键词、话题等信息进行分析，了解观众对哪些内容感兴趣，哪些内容受欢迎。通过分析热点，可以帮助主播及时调整直播内容，提供与观众需求相匹配的内容
2	内容评价	内容评价分析是通过观众的评论、点赞、转发等行为，对直播内容进行评估。通过分析观众评价，可以了解观众对直播质量的认可度和满意度，从而对直播内容进行进一步的优化

表 7-13 营销效果数据分析

序号	数据指标	具体内容
1	商品销量	对于直播带货，商品销量是一个重要的指标。通过分析直播过程中商品的点击、浏览和购买数据，可以评估直播对商品销量的影响，为商家提供更加精准的营销策略
2	品牌曝光度	直播过程中品牌的曝光度对于品牌宣传是非常重要的。通过分析直播过程中品牌的提及、标识等数据，可以评估品牌在直播中的曝光效果，为品牌营销策略提供参考

二、评价直播数据

1. 基本数据分析

此种基于直播间后台数据，例如分析直播时长、观众人数、观看时长、互动情况等等。通过这些数据，直播者可以实时了解自己的直播效果，并对其进行评估和优化。我们还可以大概了解用户画像，可以分析观众的性别、年龄、地域等信息，帮助直播者更好地了解自己的受众群体，从而制定更精准的直播内容。

2. 内容数据分析

在基础数据分析的基础上，我们可以关注直播内容分析。它能够对直播内容进行自动化整理和分类，得出各个直播内容的受欢迎程度和回放率。通过这些数据，直播者可以清楚地知道哪些内容受到观众的喜爱，哪些内容需要进行改进。我们能够根据观众的互动行为和弹幕内容，推测他们的情绪状态，从而帮助直播者更加精准地把握观众的需求。

3. 收益数据分析

在对基础数据和内容数据有一定判断后，我们可以专注于直播收益分析。通过收益数据分析，直播者可以清晰地了解自己的收益来源和情况，例如礼物收入、广告收益和成交量等。

4. 用户行为数据分析

与其他分析相比，直播用户行为分析主要关注用户的互动行为、关注度等数据，并根据这些数据为直播者提供用户行为建议。通过本项数据分析，直播者可以更好地了解观众的偏好，从而改进直播内容，提高用户的参与度和留存率。

通过以上介绍，我们可以看出直播间分析工具在提高直播质量和观众参与度方面发挥了重要作用。这些工具不仅能够提供详细的数据分析，还能够帮助直播者更好地了解观众需求，制定更精准的直播策略。对于直播行业，直播间分析工具是不可或缺的利器，也是直播者提升自身竞争力的一种重要手段。未来，随着直播行业的进一步发展，我们相信直播间分析工具将会变得更加智能化和全面化。

【思考与探究】

同学们，你们打算使用什么工具对农产品直播进行分析呢？大家觉得农产品直播数据分析应该侧重哪个方面呢？

活动指导

职业学校电子商务专业学生小新近期参加了学校和当地知名农业企业的惠农直播活动，直播结束后，小新想用自己的专业知识，利用现有的直播分析工具对本次直播进行分析总结和评价。

农产品带货直播数据分析		
1	主要数据内容	
2	评价直播数据	

【任务评价与反思】

根据考核内容，学生完成自我小结并进行自评打分。教师根据学生活动情况进行点评并完成教师打分。按照“自评分 20%+互评分 30%+专业教师评分 50%”的方式计算得分，填写表 7-14。

表 7-14　任务综合评价表

班级：　　　　　　　　　　　　姓名：

项目七：任务一　直播数据采集与分析							
序号	评价项目	测评标准	分值	自评 20%	互评 30%	教师 50%	得分
1	直播数据指标内容	能多维度对直播作品进行数据提取	50				
2	直播数据分析	能根据直播数据，准确评价直播作品	50				
合计			100				

【综合练习】

1. 使用蝉妈妈软件，选择日度排行第一的直播博主，分析该博主直播作品的数据和内容。

2. 使用蝉妈妈软件，随机选择一个未上榜的直播博主，选取一个该博主近期直播作品，分析该直播作品的数据和内容。

3. 分析高流量和普通流量直播作品数据和内容的主要差别。

任务二　直播优化

任务目标

知识目标：1. 能够通过直播数据对直播作品进行画像和评价。

2. 能够通过直播数据反映出来的问题，进行直播优化。

技能目标：1. 能够通过掌握的直播专业知识对直播营销活动进行全方位、全过程的分析。

2. 能够通过掌握的直播专业知识对直播作品进行评价管理和优化管理。

思政目标：1. 通过学习直播优化，能够不断提升自我职业素养，带好货，直好播，服务好社会经济。

2. 使学生领悟到直播行业在整个社会发展运行中有着非常巨大的影响，让学生理解直播行业的使命感和职责感。

任务描述

直播运营经理小王：小张，我们最近这次直播销售 3 款绿色有机水果干农产品，直播数据我都看了，你有什么想法吗？

直播数据分析员小张：经理，我们正在梳理，准备对我们的直播进行优化。

直播运营经理小王：好的，我们一起看看我们的直播有什么问题，应该怎么解决。

直播数据分析员小张：好的，经理。

任务分析

任务详情见表 7-15。

表 7-15 任务单

任务	直播优化	
子任务	分析直播视频	讨论直播优化内容
活动形式	2 人小组	2 人小组
活动要求	通过学习，了解直播数据分析、比对、评价过程，探讨得出优化方向	按逻辑顺序逐步拆解直播过程，逐一进行直播分析和优化
岗位标准	能根据直播数据分析，对直播作品进行多维度全方位评价	熟悉直播主要过程，对直播的各个阶段进行分析和优化
活动编号	活动 7.2.1	活动 7.2.2

任务实施

活动 7.2.1 分析直播视频

任务总领

“工作没有复盘就像在碰运气。”在任何行业中，没有及时地进行总结和查缺补漏，都会降低工作效率，在直播行业尤其如此。因此，我们需要通过分析数据进行直播复盘，找出问题、分析问题、解决问题，最终找到优化方向，只有才能确保直播更精彩。

小组活动

表 7-16　直播数据优化

直播数据优化		
1	通过直播数据对直播作品进行画像和评价	
2	能够通过直播数据反映出来的问题，进行直播优化	

知识链接

一、了解用户购买过程

站在用户角度，完整体验一遍直播间的购物流程，如图 7-5 所示。

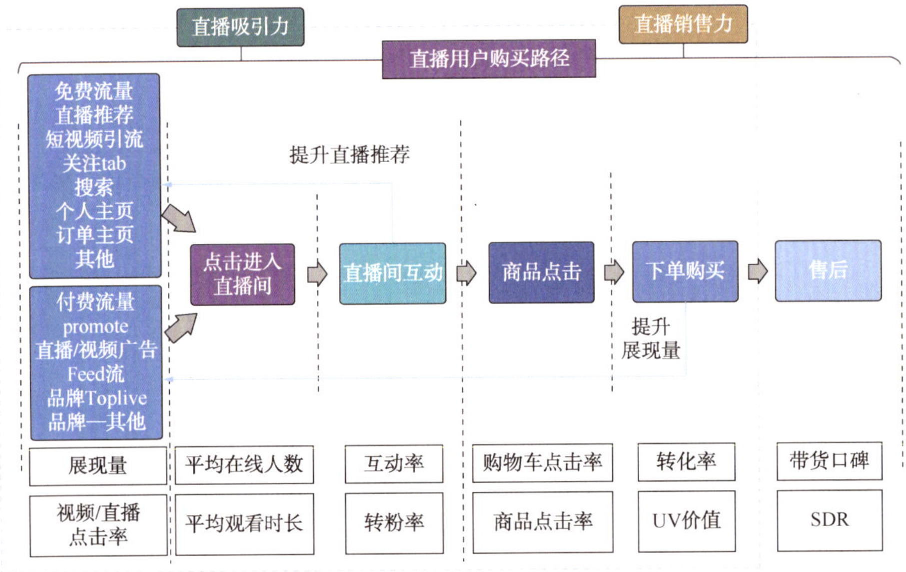

图 7-5　直播间用户购买过程

从点击进入直播间开始，到浏览商品、点击下单购买，最后到售后服务，整个过程可以分为 6 个阶段。前 3 个阶段衡量的是直播的吸引力，后 3 个阶段衡量的是直播的销售力，从宏观角度来看，每个步骤都有其彩色部分和灰色部分，其中灰色部分是关键指标。如果指标低于平均水平或者预期，我们就要采取相应的措施进行优化。

二、逐步分析直播视频

从流量入口开始我们逐步分析视频。流量入口分为免费流量和付费流量。免费流量包括直播推荐、短视频引流、关注 tab(粉丝关注)、搜索、个人主页、订单主页等；付费流量包括 promote、直播/视频广告、feed 流、品牌 toplive、品牌—其他等。无论是免费流量还是付费流量，关键在于直播的点击率和展示量，如表 7-17 所示。

表 7-17　逐步分析直播视频

序号	分析步骤	具体内容
1	流量入口点击	流量入口是观众进入直播间的第一道门槛，只有吸引到足够的用户点击，才能为直播间带来更多的观众。因此，我们需要在直播标题、封面图片等方面下功夫，制作出吸引人的内容，从而提高点击率。同时，我们还可以通过合理运用关键词，提高直播在搜索引擎中的排名，进一步增加流量入口的点击量
2	直播间互动	直播间互动可以有效地增加观众的观看时长，其同时也是衡量直播内容质量的重要指标。在直播过程中，主播需要与观众保持良好的互动，回应观众的问题和建议，营造出轻松愉快的氛围。此外，主播还可以通过设置互动环节、举行抽奖活动等方式，进一步提高观众的参与度和黏性
3	商品展示	商品展示是直播销售的核心环节，主播需要在直播过程中向观众展示商品的特点和优势，引导观众产生购买欲望。在进行商品展示时，主播要做到详细、专业，同时要注意语言表达的生动形象，让观众对商品产生兴趣。此外，主播还可以利用短视频、图片等多种形式，展示商品的实际效果，增强观众的购买信心
4	点击下单购买	点击下单购买环节是衡量直播销售力的关键环节之一。在这个环节中，主播需要引导观众完成购买操作，实现销售目标。为了提高购买转化率，主播可以采取一些策略，如设置限时优惠、推出独家折扣等，激发观众的购买冲动。同时，主播还要注意在直播过程中穿插购买引导，让观众在观看的同时，不断产生购买行为

最后，我们要关注售后这一环节。直播团队需要密切关注这些数据，分析直播的优势和不足，不断进行优化调整。通过对关键指标的分析，才可以更好地了解直播的吸引力和销售力，从而为直播的长期发展奠定基础。

【思考与探究】

同学们，你们能通过复盘直播了解到直播优化主要有哪几个方面呢？

活动指导

职业学校电子商务专业学生小新想用自己的专业知识对学校惠农直播进行分析总结和评价。

农产品带货直播数据分析		
1	直播数据分析	
2	直播数据优化	

【任务评价与反思】

根据考核内容，学生完成自我小结并进行自评打分。教师根据学生活动情况进行点评并完成教师打分。按照“自评分 20%+互评分 30%+专业教师评分 50%”的方式计算得分，填写表 7-18。

表 7-18　任务综合评价表

班级：　　　　　　　　　　　　姓名：

项目五　任务一　直播暖场							
序号	评价项目	测量标准	分值	自评 20%	互评 30%	教师 50%	得分
1	直播数据分析	能多维度对直播作品进行数据分析	50				
2	直播数据评价	能根据直播数据，准确评价直播作品	50				
合计			100				

活动 7.2.2　优化直播内容

任务总领

直播优化对于直播工作是非常重要的，通过对观众数据、直播内容和营销效果的分析，可以为用户体验的优化和商业价值的最大化提供有力支持。

知识链接

一、准备工作

1. 录屏

将一场直播完整录制下来，方便后续拆解分析。登录直播中控后台，点击直播大屏，可选择本场直播回放进行下载，复盘阶段可投屏至电视进行拆解分析。

2. 善用数据分析工具

灵活运用第三方数据分析工具，各维度全方位地比对数据。重点关注直播内容，例如，新品发布、折扣福利、满减活动发布时流量是否有变化，不同的形式对用户存留有哪些影响，哪些效果比较好，都可以通过数据分析工具进行分析。同时拉齐同行数据进行数据对比，分析直播各环节的优劣势，实时调整直播策略。

3. 直播数据复盘

收集关键数据指标：

（1）整场直播的基础数据；

（2）商品销量数据；

（3）观众互动数据；

（4）直播间流量来源。

二、直播优化主要内容

直播优化主要是针对数据没有达到预期的指标，我们可以从以下几个方面进行优化，如表 7-19 所示。

表 7-19 直播优化主要内容

序号	分析步骤	具体内容
1	直播间商品排列优化	直播间停留的核心在商品，商品不仅要好还要有性价比，可以参考以下直播间排款方式。主图放主推福利款凸显产品高性价比，吸引观众点击停留；定时定点上福利，既能补成交密度也能留存新粉丝
2	视频预热优化	我们在做预热视频时，可以将我们的产品特色、活动特色、多重优惠福利等方面告知用户，让用户能够了解到进入我们直播间能够获得的利益。让进入直播间的用户带着一种期待观看，比漫无目的地进入直播间，相对停留的时间会长
3	直播间布景优化	精心布置的直播间背景、有氛围感的明亮灯光、打扮精致的主播和幽默风趣的讲解能让观众拥有良好的直播体验。所以我们可以优化产品台的高度、产品出现的页面位置、打光的方向、主播出现的位置、货架的陈列、有趣道具的使用、背景墙的展示等。 另外，除视觉方面的布置外，还可以设置 BGM，助播喊麦等。从视觉和听觉两个维度来提升直播间的专业性和趣味性，从而达到增加用户停留时长的目的
4	福利优化	直播间有各种福利小工具可以使用，比如福袋、定点秒杀、抽奖、福利放送等。直播间的这些小工具要贯穿整个直播间，让不同时段进来的人都能够享受到福利。 另外，为了让福利内容更加凸显直白，可以将其展示在背景图等地方，让用户进入直播间后一眼就能看到，提升用户对直播间的黏性

续表

序号	分析步骤	具体内容
5	互动优化	(1) 主动与用户进行互动交流 当直播间人数较少时，可以和直播间内每个用户逐一互动，回答每一个用户的问题，并且可以针对一些代表性的问题进行着重讲解。 当直播间人数较多的时候，可以引导用户点赞、关注或者加入粉丝团，并且告知用户点赞到一定量级之后会发放红包、秒杀款等福利。 (2) 引导用户评论 在直播过程中可以经常问用户一些简单性的问题，让用户参与到互动中来，比如卖衣服的有些会说"粉色款想要的可以直接在评论区扣 1"。 再或者有些时候可以在介绍产品价格之前卖个关子，"大家觉得这款条纹经典款呢绒大衣需要多少钱?" 总之，在整个讲解过程中其实是可以穿插很多很多问题，让用户互动起来的，这些问题可以在开播前提前整理好，播多了之后其实会发现这里面是有很多路数的。 (3) 话题讨论 在讲解过程中，可以适当开开玩笑，或者讲到某些关联性的东西时可以加入自己经历的一些槽点等

素养小贴士

直播运营经理小王：经过这一连串的学习，我们文创的团队直播复盘工作算是有头绪了。大家要谨记的是，我们是一个直播团队，因此直播复盘不是哪一个岗位的工作，而是要各司其职、通力合作、共同完成、一起进步！

直播编导小赵：是的，要实现直播不断优化的目标，还需要坚定不移地坚持我们文创公司的初心，将我们中国源远流长的文化融入产品，用兼具质量和美感的产品传播我们的文化元素、文化符号、文化理念。

【思考与探究】

同学们，你们能够以我们农产品直播为例，列举直播复盘、直播优化的步骤和内容吗?

活动指导

职业学校电子商务专业学生小新想用自己的专业知识对学校惠农直播进行分析总结和评价后，希望能对直播薄弱环节进行优化。

农产品带货直播数据分析		
1	直播数据分析	
2	直播数据优化	

【任务评价与反思】

根据考核内容，学生完成自我小结并进行自评打分。教师根据学生活动情况进行点评并完成教师打分。按照“自评分 20%+互评分 30%+专业教师评分 50%”的方式计算得分，填写表 7-20。

表 7-20 任务综合评价表

班级： 姓名：

项目七：任务二 直播优化							
序号	评价项目	测评标准	分值	自评 20%	互评 30%	教师 50%	得分
1	直播数据分析	能多维度对直播作品进行数据分析	50				
2	直播数据评价	能根据直播数据，准确评价直播作品	50				
合计			100				

【综合练习】

1. 使用巨量 App 分析某直播平台农产品日排名第一的直播作品数据和内容。
2. 使用工具分析比对某平台普通惠农产品直播作品的数据和内容。
3. 对比以上两个作品的数据和内容，并分析总结如何对普通作品进行优化。